Radreiseführer

Kocher-Jagst-Radweg

Genussmomente und lohnenswerte Schlenker für Reise-Radler und E-Bike-Entdecker

Der Kocher-Jagst-Radweg

Von Aalen kocherabwärts bis Bad Friedrichshall am Neckar und entlang der Jagst zurück

Lasse den Alltag hinter dir. Nimm dir die Zeit – Fahr los, um etwas zu erleben und schreibe es nieder. Erinnere dich an deine Reise, an die Natur, die Städte und die Menschen, mit denen du die Momente geteilt hast.

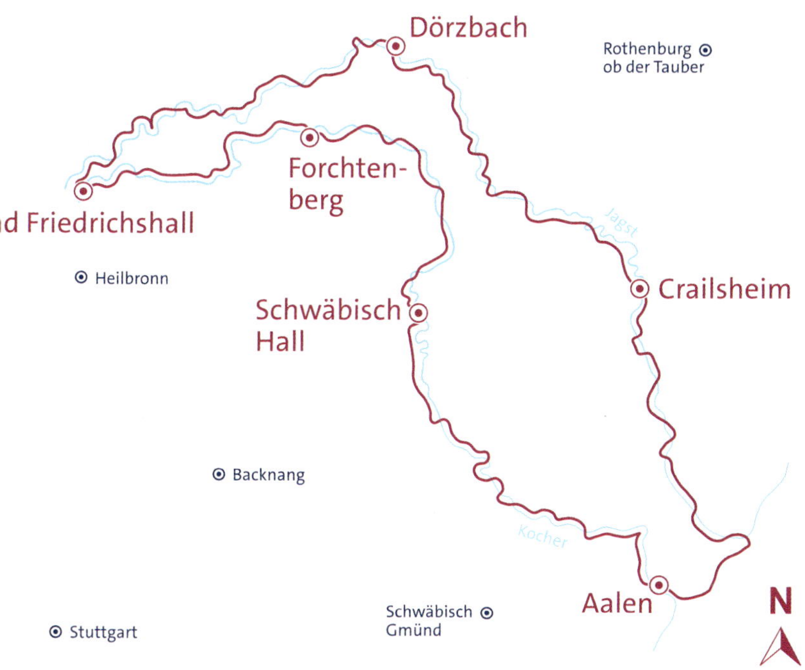
Dörzbach
Rothenburg
ob der Tauber
Forchten-
berg
d Friedrichshall
Jagst
Heilbronn
Crailsheim
Schwäbisch
Hall
Backnang
Kocher
Aalen
N
Schwäbisch
Gmünd
Stuttgart

Die Altstadt von Schwäbisch Hall im schroff eingeschnittenen Kochertal

Kocher und Jagst

Die romantischen Flusslandschaften an den Zwillingsflüssen Kocher und Jagst bilden die Szenerie auf den 335 Kilometern dieses Flussradwegs, der unter Seinesgleichen noch als Geheimtipp gilt. Historische Kleinstädte säumen die Ufer der beiden Flussläufe. Aalen, Schwäbisch Hall, Künzelsau, Bad Friedrichshall, Neudenau, Kirchberg an der Jagst und Crailsheim zählen unter anderem zu den Höhepunkten zwischen den Quellen von Kocher und Jagst und ihrer Mündung in den Neckar, die nur unweit voneinander entfernt liegen.

Auf den Spuren
vergangener Tage

Der Start ist gemütlich – von Aalen aus dem Kocher entlang abwärts zur Neckarmündung. Mit Aalen und Schwäbisch Hall wartet dieser Teil des Radwegs schon mit Höhepunkten auf. Immer wieder laden Stationen zu Streifzügen durch die Vergangenheit. Mehrfach trifft man entlang des Flussradwegs auf die Spuren der Römer – wie in Aalen. Weniger alt, aber nicht minder spannend ist der Einblick in das bäuerliche Leben ab 1600 wie in Wackershofen. Einen Sprung in die Gegenwart machen die Schauen zur zeitgenössischen Kunst der Sammlung Würth.

Charmante Fachwerkstädtchen

Die Region steckt voller Überraschungen. So erfährt man auf dem Weg Spannendes über Produkte aus der Gegend, wie das technische Schlüsselmedium der Schrauben oder kann schöne Töpfereien bestaunen. Das Salz prägte einige der Fachwerkstädtchen über Jahrhunderte – ihre Namen sind heute noch Zeugnis davon. Mit Bad Friedrichshall, am Treffpunkt der drei Flüsse, schwenkt der Weg zur Jagst und folgt ihr in Richtung Quelle aufwärts. Hier trifft man immer wieder auf die Spuren des berühmten Ritters Götz von Berlichingen.

Der Quelle entgegen

Gen Süden wird der Radweg sportlich fordernd, denn es gilt immer wieder Steigungen zu überwinden. Da kommt es gerade gelegen, dass zwischendurch verschiedenartigste Stationen zum Stopp einladen: ein Archäologisches Rätsel, alte Autoraritäten, Hinterlassenschaften der Römer, wertvolle Musikinstrumente oder das Handwerk der Alemannen. Ein letzter Anstieg von der Jagst nach Aalen wieder zum Kocher – zwei Flüsse, die einem ein treuer, mitunter quirliger, dann wieder gemächlicher Begleiter auf diesem schönen Flussradweg sind.

Vorfreude...

Mit dem Zweirad aufzubrechen und aus eigener Kraft entlang des Radfernweges Land und Leute, Kultur- und Naturschätze zu entdecken, ist ein unvergleichliches Erlebnis. Damit dies gelingt, geben dir die nächsten Seiten eine Einführung zum Buch, wertvolle Tipps sowie Erfahrungswerte von Profis zu Tourenplanung und Checklisten. Außerdem gibt es hilfreiche Infos zur Beschilderung entlang des Radweges und zur Wegequalität.

ZUM RADREISEFÜHRER
Alles über die Kapitel, zu Highlights, Schlenker, Wissenswertes und über das Roadbook im Detail... **S.14 – 17**

GPX-TRACK & TOURENPLANUNG
Alle Infos zum Download der Hauptroute und wie man seine persönliche Radtour optimal plant... **S. 18 & 19**

ANREISE MIT DEM ZUG
Umweltfreundlich, ohne Parkprobleme und zusammen mit Freunden. Alle Informationen... **S. 20 & 21**

EXPERTENTIPP
Erfahrungswerte, spezielles zum Elektrorad und die Checkliste vor jeder Fahrt von den Profis... **S. 22 & 23**

EINGEPACKT
Erfahrene Radreisende folgen dem Grundprinzip „Weniger ist mehr“. Es gilt den Spagat zwischen sinnvoller Ausrüstung und Gewicht bzw. Packvolumen zu meistern. Des Weiteren sollte systematisch und ausbalanciert gepackt werden. Es schafft Sicherheit und spart Zeit und Nerven. Die Checkliste...
S. 24 & 25

Zum Radreiseführer

Das Buch ist klar und einfach in zwei Teile gegliedert:
Reiseführer & Roadbook

Mit dabei sind ein Kontaktverzeichnis, eine große Extra-Karte und der GPX-Track zur Hauptroute.

Der Reiseführer und die Extra-Karte für den nötigen Überblick zeigen dir das „Rundherum" des Weges und nicht nur den Asphalt unter den Reifen. Hier werden die Stationen des Radwegs charmant beschrieben. Die Einteilung in **„Kapitel"** dient der großräumigen Orientierung. Dabei handelt es sich nicht um Empfehlungen für Tagesetappen. Die Wahl des Fahrrades, mit oder ohne Motorunterstützung und konditionelle Unterschiede erfordern eine individuelle Etappenplanung.

Jedes Kapitel beginnt mit einem illustrierten Höhen- und Streckenprofil zur schnellen Orientierung. Die Beschreibung greift nach und nach den landschaftlichen Charakter und die Sehenswürdigkeiten entlang der Hauptroute auf und vermittelt auf diese Weise ein Gefühl für die Umgebung. Unterbrochen wird der Text durch farblich hinterlegte Infoboxen.

Highlights am Wegesrand: Diese sind im Haupttext hervorgehoben und mit blauem Symbol durchnummeriert (siehe oben rechts). In grünen Infoboxen mit der entsprechenden Symbol-Nummer, wird das jeweilige Highlight detailliert beschrieben. Die Stadtpläne helfen bei der Orientierung an Ort und Stelle. Im Roadbook sind die Sehenswürdigkeiten mittels Symbol-Nummer verortet.

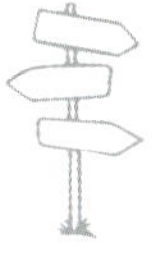

Wissenswertes im Gepäck

Lohnenswerte Schlenker: Neben den Highlights sind im Text auch abseits vom Radweg gelegene Sehenswürdigkeiten als Lohnenswerte Schlenker ausgewiesen. Denn häufig zahlen sich kleinere oder größere Abstecher von der Hauptroute aus, um interessante Orte und Geheimtipps fernab des Trubels für sich zu entdecken. Die Kennzeichnung im Text sowie in der dazugehörigen Infobox und im Roadbook erfolgt ebenfalls über die entsprechende Symbol-Nummer.

Wissenswertes über lokale und regionale historische, landschaftliche oder kulturelle Gegebenheiten wird an vielen Stellen in roten Infoboxen vermittelt. Am Ende eines jeden Kapitels folgt ein **Kulinarischer Abzweig**.

Roadbook: Detailkarten und exakte Wegbeschreibung

GPX-Track: die Hauptroute für die digitale Navigation

Extra-Karte: maximale Übersicht und Planungsinstrument

Das Roadbook enthält die Detailkarten mit eingezeichneter Hauptroute und die dazugehörige Streckenbeschreibung. Stellenweise können mehrere offizielle Varianten des Radwegs existieren. Unsere Autoren haben die Schönste als Hauptroute gewählt und als rote Linie dargestellt. Es ist möglich, dass diese Route punktuell vom offiziellen Verlauf abweicht, um verkehrsreiche Abschnitte zu umfahren oder besondere Highlights entlang der Strecke aufzunehmen. Das Roadbook ist an die aktuellen Bedingungen rund um den Radweg angepasst. Die mittlerweile gute bis hervorragende Beschilderung der beliebtesten Radwege sowie die häufig offiziell erhältlichen Radwege-Apps und digitalen Wegverläufe erlauben es, das Roadbook auf das Wesentliche zu reduzieren und dadurch eine optimale Übersichtlichkeit zu erreichen.

Linien: Unsere Hauptroute wird als durchgezogene rote Linie abgebildet. Ausgewählte Varianten werden als rot gestrichelte Linie dargestellt. Lohnenswerte Schlenker entsprechen der grünen Linie und zweigen von der Hauptroute ab. Maßstabsbedingt können nicht alle Schlenker im Roadbook abgebildet werden.

Wegpunkte: Der Text und die Kartografie sind über die Wegpunkte miteinander verbunden. Schwarze Kreise mit weißer Zahl beschreiben die Hauptroute. Grüne Wegpunkte erläutern den Verlauf der Lohnenswerten Schlenker.

Kilometrierung: Die Hauptroute ist vom Start bis zum Ziel fortlaufend in regelmäßigem Abstand mittels weißer Kilometerangabe in rotem Kreis beschildert. An jedem Ort ist die bereits zurückgelegte Strecke problemlos ablesbar und die Anschlusskarte schnell gefunden. Steigungspfeile entlang der Route markieren steilere Abschnitte in oder entgegen der Fahrtrichtung.

Sehenswürdigkeiten: Soweit möglich sind die im Reiseführer beschriebenen Highlights und Schlenker im Roadbook mit blauem Symbol und weißer Nummer verortet. Darüber hinaus enthalten die Karten viele weitere Hinweise zu touristischen Attraktionen und landschaftlichen Besonderheiten entlang des Radweges. Die vollständige Kartenlegende befindet sich auf der hinteren Klappe.

Aktuelles: Hochwasser- oder baustellenbedingte Umleitungen sind in der Regel gut ausgeschildert und werden ebenso wie die aktuellsten Verkehrsinformationen, Hinweise und Sicherheitsmaßnahmen auf den offiziellen Seiten des Radwegs und der Touristinformationen kommuniziert. Hilfreiche Adressen und Kontakte finden sich auf den nächsten Seiten und bei den Reiseinfos im Anhang.

GPX-Track & Tourenplanung

Den GPX-Track zur Hauptroute des Roadbooks gibt es hier zum Download:

www.kompass.de/gpx

Für die Planung einer Radtour und der einzelnen Tagesetappen sollte man sich genügend Zeit nehmen. Mache dich mit deiner Tour vertraut und wähle deine persönlichen Highlights aus. Dort wirst du bestimmt mehr Zeit verbringen wollen. Mit großer Sicherheit wirst du auch unterwegs auf den einen oder anderen Ort treffen, an dem du ungeplant verweilen möchtest.

Ohne große Erfahrung mit mehrtägigen Radtouren sollte man eher kürzere Etappen einplanen. Wenn man sein Konditionslevel nicht kennt, ist es hilfreich vorab einzelne Tagesausflüge mit seinem beladenen Tourenrad zu unternehmen. Dabei sollte man möglichst ohne große Anstrengung fahren, da es auf die Ausdauer und nicht auf die Geschwindigkeit ankommt. So wird schnell klar, bei welcher durchschnittlichen Tages-Kilometer-Leistung die eigene Komfortzone liegt und was die Stärken und Schwächen des Rades und der Sitzposition sind. Des Weiteren gilt es regelmäßig Pausen einzuplanen und evtl. einen Ruhetag an einem lohnenswerten Ziel.

Wie viele Kilometer schafft man? Pauschal kann dies nicht gesagt werden, da zu viele Faktoren eine Rolle spielen wie u.a. die eigene Kondition, das Gepäck, die zu überwindenden Höhenmeter oder auch das Wetter. Starker Gegenwind kann die Durchschnittsgeschwindigkeit halbieren. Mit dem E-Bike kann die Distanz schnell um 20-30% oder sogar 50% und mehr gesteigert werden. Eigene Probefahrten schaffen Gewisseit und helfen die persönliche Durchschnittsgeschwindigkeit und eine realistische reine Fahrzeit exklusive Pausen für sich zu ermitteln. Damit ist die Tages-Kilometer-Leistung schnell berechnet. Die nachfolgende Auflistung zeigt Erfahrungswerte, also Tages-Distanzen in Abhängigkeit vom Konditionslevel für Radtouren in ebenem bis mäßig hügeligem Gelände und dient der groben Orientierung:

<30 km = relativ einfach (Anfänger und Etappen mit Kindern)
30-40 km = gemütlich (häufige Pausen und größere Gruppen)
40-50 km = durchschnittlich (ab 50 km sind sportliche schon gut dabei)
50-80 km = erhöhte Kondition (bereits nach leichtem Training machbar)
80-120 km = gute Kondition (mit viel Gepäck benötigt man für 120 km den ganzen Tag)
> 120 km = sehr gute Kondition

Plan B: Sollte man sich bei der Etappenlänge verplant haben, so stehen häufig regionale Fahrradtaxi-Unternehmen, Fähren, Bus und Bahn zur Verfügung (Kontakt über Touristinformationen und die offizielle Radwegseite). Im Notfall kann immer eine alternative Unterkunft gewählt werden.

Anreise mit dem Zug

Umweltfreundlich, mit Freunden als Gruppe und ohne Stau. Mit genügend Vorlaufzeit und Planung gelingt die An- & Abreise per Zug problemlos. Die Frage, wie man nach der Radtour das am Start abgestellte Auto erreicht, stellt sich erst gar nicht. Informationen bieten die folgenden Adressen.

Zentrale Service-Hotline der DB:

0180 6 99 66 33

(20 Cent/Anruf aus dem Festnetz, Mobilfunk max. 60 Cent/Anruf).

Informationen zur Fahrradmitnahme, -versand und -miete. Sowie Buchung bzw. Reservierung von Tickets und Stellplätzen.

Zentrale Service-Hotline der ÖBB:

+43 (0)5 17 17

(Gebührenpflichtig. Die Höhe der Gebühr richtet sich ausschließlich nach dem jeweiligen Festnetz- oder Mobilfunkvertrag des Anrufers. Die ÖBB verrechnen keine zusätzlichen Kosten.)

Alle Informationen über die Mitnahme vom Fahrrad bei der Deutschen Bahn: https://www.bahn.de/p/view/service/fahrrad/bahn_und_fahrrad.shtml

Tipps der DB um die Bahnreise mit dem Fahrrad zu erleichtern: https://inside.bahn.de/checkliste-fahrradmitnahme-bahn/

Informationen über die Fahrradmitnahme in den Zügen der Österreichische Bundesbahnen: https://www.oebb.at/de/reiseplanung-services/im-zug/fahrradmitnahme

Der ADFC informiert zum Reisen mit Bahn und Rad: https://www.adfc.de/auf-tour/#fahrrad-transport/!141

Tipp vom Experten

Die Profis von Diamant blicken auf eine über 135 jährige Geschichte zurück. Für uns haben sie das Wichtigste zusammengeschrieben, damit die Fahrradtour gelingt.

Checkliste vor jeder Fahrt:

✓ Lenker und Vorbau kontrollieren
✓ Laufräder Prüfen (Reifendruck, Befestigung, etc.)
✓ Bremsen testen (Bremsbelag, Scheiben, Felgen, etc.)
✓ Kettenspannung überprüfen
✓ Sattel (Sitz) und Sattelstütze kontrollieren
✓ Federung prüfen und Wartungsintervall checken
✓ Beleuchtung und Reflektoren sicherstellen
✓ Rahmen und Gabel begutachten
✓ Akku beim Elektrorad prüfen
✓ Pannenset & Kompatibilität kontrollieren

Die läng einer Tagesetappe hängt von vielen Faktoren ab. Insbesondere von der eigenen Kondition, der Motivation, den Wetter- und Wegebedingungen und natürlich auch von den Wegbegleitern. Greift man auf eine Elektrorad zurück sind weitere Faktoren zu beachten. Es ist sowohl vor Antritt als auch während einer Fahrt schwierig die Reichweite der Akkuladung exakt vorherzusagen. Allgemein gilt jedoch:

Bei gleichem Unterstützungslevel des E-Bike-Antriebs: Je weniger Kraft du einsetzen musst, um eine bestimmte Geschwindigkeit zu erreichen (z.B. durch optimales Benutzen der Schaltung), umso weniger Energie wird der Antrieb verbrauchen und umso größer wird die Reichweite einer Akkuladung sein. Je höher der Unterstüzungslevel bei ansonsten gleichen Bedingungen gewählt wird, umso geringer ist die Reichweite.

Spezielles zum Elektrorad

- Ganz wichtig: Mach dir bewusst, dass andere Verkehrsteilnehmer womöglich nicht damit rechnen, dass eine Elektrorad schneller fahren kann als ein herkömmliches Fahrrad. Außerdem erhöht eine schnellere Geschwindigkeit das Unfallrisiko.
- Überlaste den hinteren Gepäcksträger nicht. Die maximal erlaubte Zuladung des hinteren Gepäcksträgers beträgt 20 - 25 kg.
- Reinige das E-Bike niemals mit einem Hochdruckreiniger. Die elektrischen Komponenten sind feuchtigkeitsempfindlich. Unter Hochdruck auftreffendes Wasser kann in Steckverbindungen und andere Teile des Elektrosystems eindringen.
- Akku vor längerer Nichtbenutzung auf bis etwa 60% aufladen (normalerweise 3 bis 4 LEDs der Ladezustandsanzeige). Nach 6 Monaten den Ladezustand prüfen. Leuchtet nur noch eine LED der Ladezustandsanzeige, Akku wieder auf bis etwa 60% aufladen.
- Es ist nicht empfehlenswert, den Akku dauerhaft am Ladegerät angeschlossen zu lassen.
- Wird der Akku längere Zeit in leerem Zustand aufbewahrt, kann er trotz der geringen Selbstentladung beschädigt und die Speicherkapazität stark verringert werden.

Eingepackt

Was muss mit? Diese Packliste beantwortet die Frage. Individuelle Anpassungen sind erforderlich, da jede Radreise einzigartig ist. Beutel und Packsäcke sorgen für Ordnung in den Packtaschen.

NAVIGATION
Kartenmaterial, Radreiseführer
Handy / (Ladekabel, Akkus)
GPS-Fahrradcomputer (Ladekabel, Akkus prüfen)

ALLGEMEINES
Ausweise, Papiere, Telefonnummern
Reisedokumente
Bargeld / EC-Karte / Kreditkarte
Stift & Notizbuch
Stirnlampe / Taschenlampe (Ladekabel, Akkus prüfen)
Wasserdichte Schutzhüllen für Handy und Wertsachen
Powerbank (mobile Stromversorgung)

FAHRRADSPEZIFISCH
Tacho/Fahrradcomputer
Getränkeflasche / SchlauchTrinksystem
Fahrradlicht Vorne & Hinten
Fahrradwerkzeug für Standardreparaturen & Flickzeug
Ersatzschlauch & Reifenheber
Luftpumpe, Lappen
Schloss
E-Bike-Ladegerät nicht vergessen!

NOTIZEN

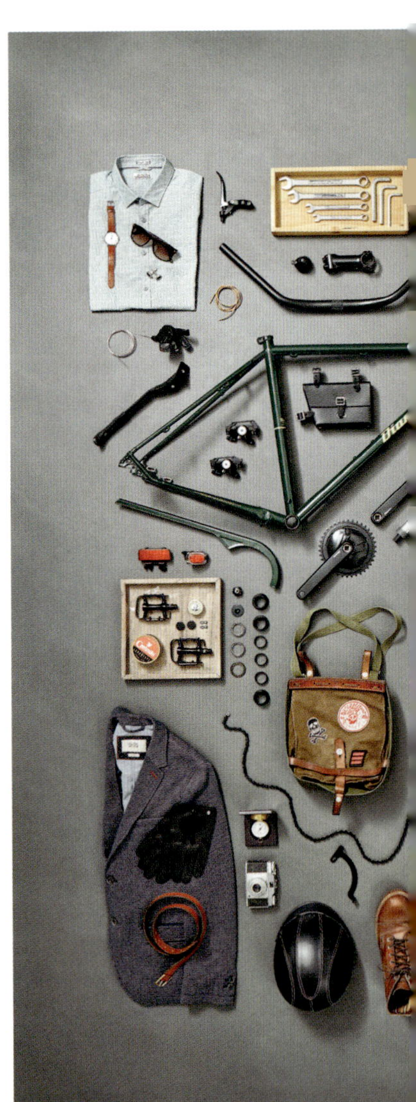

KLEIDUNG & SCHUTZ
Tages- & Wechselkleidung
Gepolsterte Radunterhose
Leichte Isolationsjacke
Regenjacke und Regenhose
Schlafzeug, Badezeug
Radtourenschuhe
Wechselschuhe oder Sandalen
Sport-, Sonnenbrille (bruchsicher)
Helm (gesetzliche Helmpflicht in Österreich für Kinder unter 12 Jahren)
Unterhelmstirnband / -mütze
Schlauchtuch / Buff
Fahrradhandschuhe

REISEAPOTHEKE
Erste-Hilfe-Set (inkl. persönliche Medikamente)
Desinfektionsmittel, Mundschutz, Seife
Pflaster / Stretchverband
Sonnen- & Insektenschutz
Augentropfen
Ohrstöpsel

HYGIENE
Kulturbeutel (gepackt)
Duschgel & Shampoo
Zahnbürste & Zahnpasta
Reisehandtuch
Taschentücher

SONSTIGES
Ersatzbrille
Fotoapparat (Speicherkarte & Akkus prüfen)
Unterhaltung: Buch, Spielkarten, Zeitschrift…
Kopfhörer
Feuerzeug & Taschenmesser (mit Schere)
Spülmittel, Schwamm und Geschirrtuch
Campingausrüstung (falls erforderlich)
Geschirr & Besteck

Schilderwald... Wegecharakter Informationen

Die Beschilderung entlang des Radweges (ganz links das offizielle Logo)

Der Radweg ist in beide Richtungen an allen Knotenpunkten durchgehend beschildert. Als Orientierung dienen hier das neue sowie stellenweise noch das alte offizielle Logo des Radwegs.

Die Wegequalität am Kocher-Jagst-Radweg ist überwiegend sehr gut. Die Strecke verläuft meist auf asphaltierten Radwegen oder ruhigen Landstraßen und seltener auf gut befahrbaren Kieswegen. Nur wenige Abschnitte verlaufen im Verkehr. Der flussbegleitende Radweg enthält einige Steigungen und ist nur abschnittsweise für Kinder geeignet. Stellenweise wird das Tal so eng, dass der Weg auf die höher gelegene Ebene ausweichen muss.

Durch Baumaßnahmen kann es auf der Route zu Sperrungen kommen. Örtliche Umleitungen sind meist gut ausgeschildert und auf der offiziellen Seite beschrieben (siehe rechts).

Informationen:
Arbeitsgemeinschaft Kocher-Jagst-Radweg
Karl-Kurz-Str. 44
74523 Schwäbisch Hall
Telefon: +49 (0) 791 755 7444
E-Mail: info@kocher-jagst.de

Website Kocher-Jagst-Radweg:
www.kocher-jagst.de

Aktuelle Informationen und Umleitungen zum Radweg:
www.kocher-jagst.de/routeplanen/aktuelles

Der Kocher-Jagst Radweg

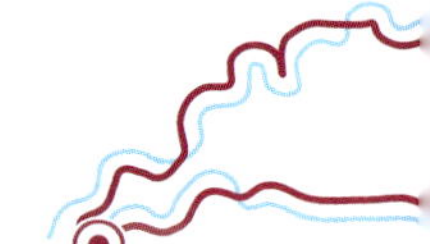

Teil 1 Reiseführer

Dörzbach
Rothenburg
ob der Tauber
Forchten-
berg
Jagst
Crailsheim
Kocher
Aalen
Schwäbisch
Gmünd
N

Von der Quelle

Die Henkerbrücke über den Kocher in Schwäbisch Hall

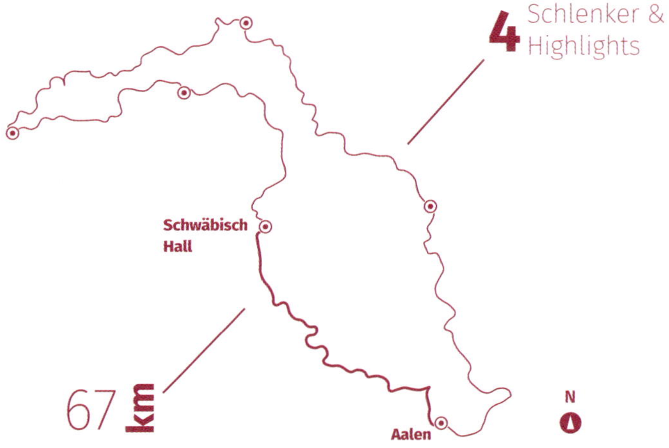

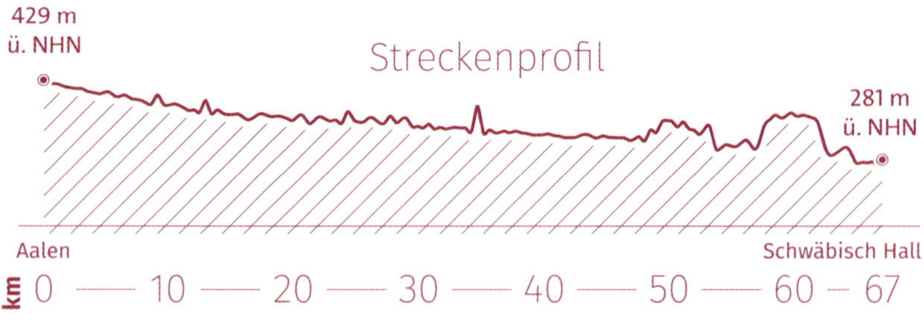

4 Schlenker & Highlights

Schwäbisch Hall

Aalen

N

67 **km**

429 m ü. NHN

Streckenprofil

281 m ü. NHN

Aalen

Schwäbisch Hall

km 0 — 10 — 20 — 30 — 40 — 50 — 60 – 67

Richtung Mündung

Zwischen der Schwäbischen Alb, Frankenhöhe, Hohenloher Ebene und dem Neckartal fließen die Zwillingsflüsse Kocher und Jagst einträchtig nebeneinander durch die Landschaft im deutschen Südwesten. Die beiden Flüsse entspringen unweit voneinander bei Aalen und münden nördlich von Heilbronn bei Bad Friedrichshall beinahe gemeinsam in den Neckar.

Der Kocher-Jagst-Radweg gilt noch als Geheimtipp unter den deutschen Flusswanderwegen. Die Tatsache, dass man zunächst den einen Fluss hinunter und dann den anderen wieder hinauf zum Ausgangspunkt fährt, verleiht dem Radweg das gewisse „Etwas".

Auf 335 km führt der Kocher-Jagst-Radweg weitgehend auf naturnahen Radwegen durch diesen idyllischen Landstrich, durch unberührte Natur, urige Dörfer und fachwerkgeschmückte Kleinstädte, die zum Verweilen einladen, und vorbei an Schlössern, Burgen und Klöstern, die Zeugen längst vergangener Zeiten sind. Die Herzlichkeit der Menschen, Bräuche und Kulturveranstaltungen und die einladenden Gaststuben, in denen man eine „Veschber" oder andere Leckereien der schwäbisch-fränkischen Küche mit einem zünftigen Bier oder einem „Viertele" Wein aus der Region genießt, verleihen diesem Flecken Erde an den Flussschleifen von Kocher und Jagst ein besonderes Ambiente.

Startpunkt der „offiziellen" Route ist Aalen, von wo aus man den Kocher hinab bis zur Neckarmündung entlang fährt, um ab dem Wendepunkt wieder flussaufwärts der Jagst zum Ausgangspunkt Aalen zu folgen. Dank der guten Bahnanbindung ist hier eine Anreise auch ohne Auto gut zu bewerkstelligen. Der Einstieg in die Tour ist aber natürlich auch an jedem anderen beliebigen Ort der Strecke möglich.

Dank der Nähe der beiden Flüsse ermöglichen dreizehn Querverbindungen, die Tour etwas abzukürzen und den individuellen Wünschen und Bedürfnissen anzupassen. Drei sogenannte Querspangen bieten außerdem eine Anbindung an den Radweg „Liebliches Taubertal", sodass man die Radtour zu einer 3-Flüsse-Tour erweitern kann. Und auch der Neckartal-Radweg bietet Gelegenheit, die Touren miteinander zu verbinden.

In **Aalen** 1 am Rand der Schwäbischen Alb fällt nun also der Startschuss für die Tour auf dem Kocher-Jagst-Radweg. Bevor man losradelt, sollte man sich aber Zeit für die ehemals freie Reichsstadt und ihre interessanten Museen nehmen.

Highlight am Wegesrand 

Aalen

und die Römer

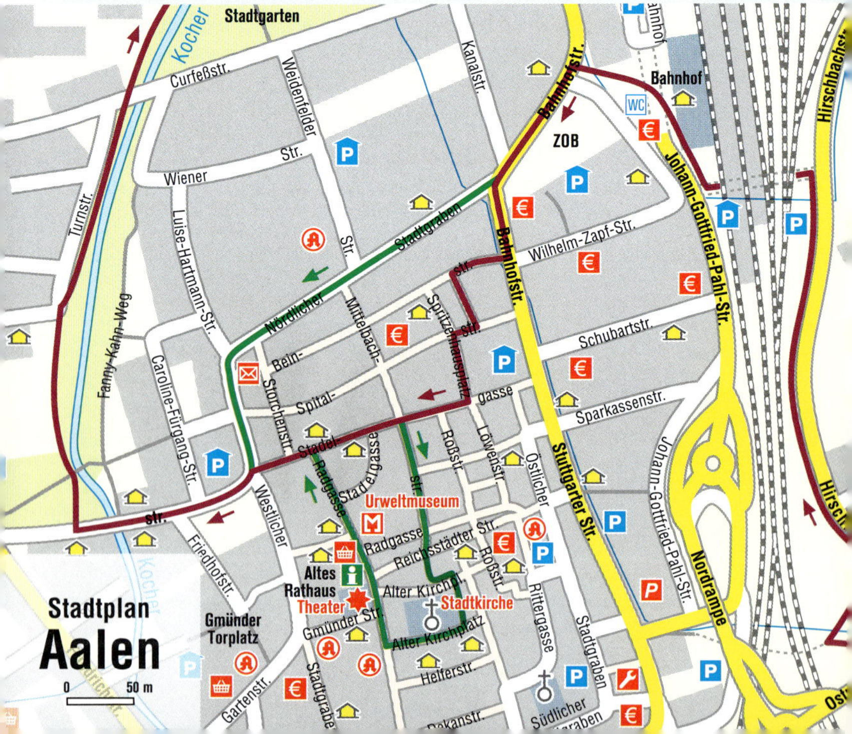

Aalen, Limesmuseum, Maske Paraderüstung

Vor rund 2000 Jahren bauten die Römer hier ein Reiterkastell in der Nähe des Obergermanisch-Rätischen Limes, der heute als das UNESCO-Welterbe anerkannt ist. Das **Limesmuseum Aalen** auf dem ehemaligen Gelände des Kastells widmet sich der Geschichte der Provinz Rätien und Obergermanien. Anhand von 1200 Fundstücken wird das Leben der Soldaten und der Zivilbevölkerung am Limes authentisch vermittelt. Waffen, Werkzeug, Geschirr und Schmuck werden hier gezeigt, ebenso wie Weihe- und Grabsteine. Highlight ist ein Schatzfund von besonderen Gebrauchs- und Kulturgegenständen. Ein Rundgang durch den Archäologischen Park führt zu den Resten des einst größten römischen Reiterkastells nördlich der Alpen.

Im **Urweltmuseum** im alten Rathaus am Aalener Marktplatz steht das Thema Geologie im Fokus. Aufgrund ihrer Bedeutung ist nämlich sogar eine geologische Schicht, die besonders gut ausgebildete untere Braunjuraschicht, nach der Stadt benannt als Aalenium, die durch den Bergbau erschlossen wurde. Für Staunen sorgen außerdem Versteinerungen wie Saurier, Tintenfische, Seelilien und Riesenammoniten.

In die Forschung rund um Naturwissenschaften, Mathematik und Technik entführt das **explorhino**. Anhand von 120 Experimenten können die unterschiedlichsten Phänomene erkundet werden. So kann man seinen Schatten einfrieren lassen oder in eine überdimensionale Seifenblase schlüpfen.

Nach dem Motto „Walk & Surf“ kann man übrigens, ohne Stadtführung und doch mit allerhand Hintergrundinformationen im Gepäck durch die Innenstadt bummeln. Denn an 17 Stationen in der Stadt können über QR-Codes Videos abgerufen werden, in denen man einiges über die Stadt erfährt.

Fachwerkhäuser in Aalen

Lohnenswerter Schlenker 2

Besucherbergwerk

Tiefer Stollen

„Glück auf" wünscht man sich, bevor die Fahrt mit der Grubenbahn in die Tiefen des Erlebnisbergwerks Tiefer Stollen losfährt. 400 m tief fährt sie hinein, dann geht es zu Fuß weiter – dorthin, wo früher Eisenerz abgebaut wurde. Der geführte Rundgang durch die Stollen- und Sandsteinhallen

Im Bergwerk

gewährt im wahrsten Sinn des Wortes tiefe Einblicke in die harte Arbeit der Bergleute einst. Ein Tipp für all jene, die unter Atemwegserkrankungen leiden: Im Heilstollen herrscht ein einzigartiges Mikroklima mit stabiler Luftreinheit und einer Luftfeuchtigkeit von 98 %. Tief einatmen!

Von der Aalener Innenstadt aus orientiert man sich naturgemäß erst einmal am Kocher, dem man auf der orografisch linken Seite in Richtung Norden folgt. Vom Vorort Wasseralfingen aus lohnt es bereits, einen kleinen Umweg einzulegen und im **Besucherbergwerk Tiefer Stollen** 2 unter die Erde zu fahren – dort allerdings nicht mit dem Bike, sondern mit der Grubenbahn!

In Hüttlingen vollzieht der Radweg einen großen Bogen in Richtung Westen. Auch durch Hüttlingen verlief der Rätische Limes. Die Grenzanlage des Imperium Romanum gegen die Kelten und Germanen, die im 2. Jahrhundert n. Chr. auf einer Länge von 550 km vom Rhein bis zur Donau erbaut wurde, hatte dabei mannigfaltige Ausprägungen. Die Rekonstruktion unterschiedlicher Baustile von Palisaden und Mauerteilen veranschaulicht diese Vielfalt. Das größte Bodendenkmal Europas wurde 2005 in die Liste des UNESCO-Welterbes aufgenommen.

Der Radweg schlängelt sich nun, ähnlich wie der Fluss, mäanderartig durch das Kochertal, der **Kocher** fließt mal linker Hand, dann wieder rechter Hand nebenbei.

In Waiblingen lädt das **Schloss Fachsenfeld** zu einer Rast. Der Herrschaftssitz geht auf das 16. Jahrhundert zurück, wurde aber im 30-jährigen Krieg stark beschädigt. Im 19. Jahrhundert wurden Schloss Fachsenfeld unter Wilhelm von König wieder erneuert und der weitläufige Park angelegt. Im Landschaftspark lässt es sich herrlich picknicken oder

Der Kocher auf seinem Weg durch Schwäbisch Hall

Der Kocher

Der erste Zwillingsfluss

Der Kocher entspringt in mehreren Karstquellen in der Schwäbischen Alb. Er bildet sich kurze Zeit später in Unterkochen aus dem Zusammenfluss der beiden größeren Quellflüsse, dem Schwarzen und dem Weißen Kocher. In Wahrheit sind es Dutzende Quellflüsse, die die beiden speisen. Das Wasser an den Quellen ist jeweils klar und sehr kalt. Im Oberlauf ist der Kocher kanalisiert, im Mittel- und

Wissenswertes im Gepäck

Unterlauf dagegen kann er sich entfalten und schlängelt sich durch ein verzweigtes System aus Armen. Die braune Wasserfärbung ist kein Zeichen schlechter Wassergüte, sondern erklärt sich durch mitgeführten Schlamm. Von der orografisch rechten Seite erhält der Kocher kaum Zuflüsse. Diese münden meist in den Zwillingsfluss Jagst. Die Landschaft gibt sich vielseitig. Mal durchfließt der Kocher flache und breite Talabschnitte, dann wieder ist er tief eingegraben und die Talwände steigen steil empor. Sein Name geht wahrscheinlich auf die Kelten zurück und bedeutet so viel wie der „sich krümmende Fluss".

aber man genießt die Pause im Jugendstilcafé. Wer noch mehr in die Schlossgeschichte eintauchen möchte, kann das Innere des Schlosses besichtigen.

Es geht weiter in den nächsten Ort Abtsgmünd, das 2010 dank seiner guten klimatischen und lufthygienischen Bedingungen zum staatlich anerkannten Erholungsort ernannt wurde. Darauf folgt Wöllstein. Hier trifft man übrigens auf den Jakobsweg, Santiago de Compostela liegt allerdings noch 2180 km weit entfernt, wie ein Wegweiser verrät. Deutlich näher ist die Schloss- und Wallfahrtskirche von Schloss Hohenstadt, die vom Berg herunter grüßt, die aus dem Jahr 1711 stammt und im vorarlbergischen Barock erbaut wurde. Das Ensemble aus dem romantischen Schloss und der Kirche ist in einen der ältesten barocken Heckengärten Europas eingebettet. Rechts des Kochers radelt man durch Reichertshofen, Algishofen und Untergröningen, wo sich auf einem Bergsporn das gleichnamige barocke Schloss befindet. Als nächstes gelangt man über Wengen nach Lau-

Mit dem Bike bei Gaildorf unterwegs

fen am Kocher, der sich hier schon sehr braun gefärbt gibt. Bis in das Jahr 2005 verkehrte zwischen Sulzbach-Laufen und Abtsgmünd die historische Kochertalbahn. Heute dient ein 4 km langer Abschnitt mit den originalen Gleisen als Fahrraddraisinenstrecke.

Zwei große Bögen vollzieht der Fluss und auch der Radweg, ehe es nach Sulzbach am Kocher und dann weiter in die Schenkenstadt **Gaildorf** geht. Neben dem schönen alten Ortskern ist das Alte Schloss besonders sehenswert. Es wurde im 15. Jahrhundert in schönem Fachwerkbau und als Residenz der Schenken von Limpurg erbaut. Heute residieren im Alten Schloss mit dem malerischen Innenhof die Stadtmaler. Außerdem ist das Stadtmuseum mit seiner Dauerausstellung zur Strafjustiz in der Reichsgrafschaft Limpurg in den alten Gemäuern untergebracht.

Bis Schwäbisch Hall wird der Kocher-Jagst-Radweg recht hügelig, schon auf dem Weg über Hägenau in den Ort Rosengarten und dann das reizende

Städtchen **Schwäbisch Hall** 3 mit den prächtigen Fachwerkhäusern am Kocherufer.

Über die Querverbindung Q8 von Schwäbisch Hall nach Crailsheim kann man einen lohnenswerten Schlenker in die mittelalterliche Stadt **Vellberg** 4 unternehmen.

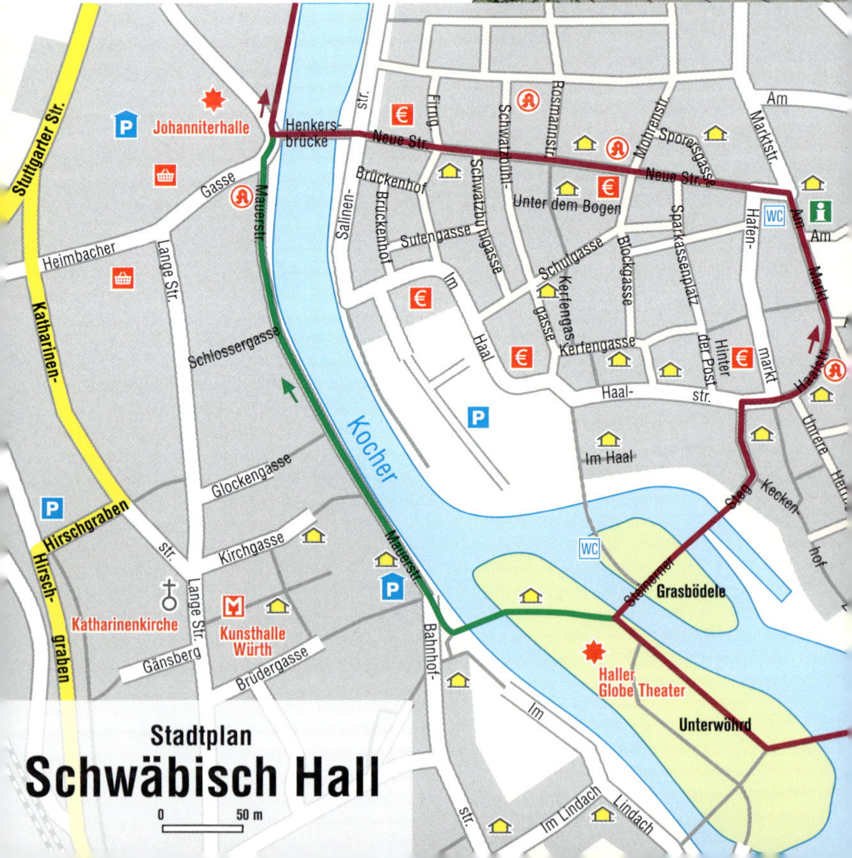

Stadtplan

Schwäbisch Hall

0 50 m

Kunsthalle Würth, Schwäbisch Hall

3 *Highlight* am Wegesrand

Schwäbisch Hall

Ein Stück des Reichtums vergangener Zeiten verdankt Schwäbisch Hall der Salzsiederei. Die Lage am Kocher und die mittelalterlichen Gassen mit unzähligen Treppen, Türmchen und Holzbrücken kreieren ein reizvolles Stadtbild. Rund um den Marktplatz reihen sich prächtige Fachwerk-, Renaissance- und Barockbauten und die schöne Michaelskirche. Das **Kloster Großcomburg** geht auf das 11. Jahrhundert zurück und erlebte im Laufe der Geschichte einen mehrfachen „Bewohnerwechsel“. Aus der einstigen Stammburg von Graf Burkhardt II. von Rotenburg-Comburg wurde das Benediktinerkloster, im 15. Jahrhundert wurde die Comburg in ein Chorherrenstift umgewandelt, das mit der Säkularisierung Anfang des 19. Jahrhunderts aufgehoben wurde. Dann diente es pensionierten Soldaten als Wohnraum. Heute ist es ein Ort der Bildung. Das Klosterareal ist frei zugänglich, eine Besichtigung der Stiftskirche ist im Rahmen einer Führung möglich. Moderne Akzente setzt die **Kunsthalle Würth**, in der Werke aus der privaten Kunstsammlung des Unternehmers Reinhold Würth gezeigt werden. In der Zweigstelle in der Johanniterkirche wird eine Sammlung alter Meister gezeigt. Das **Hällisch-Fränkische Museum** widmet sich der spannenden Geschichte der Stadt und der Region.

Schwäbisch Hall

Lohnenswerter Schlenker 4

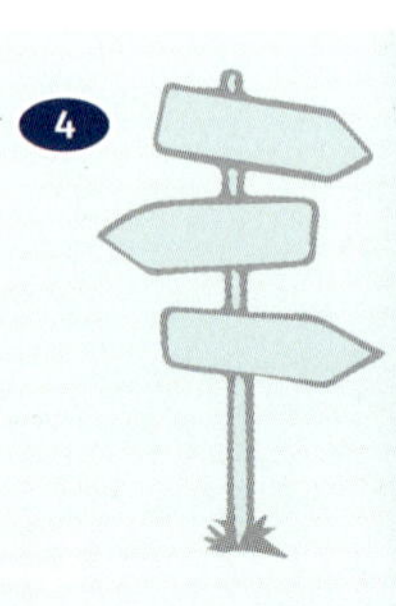

Vellberg

Mittelalterliches Städtchen

Das historische „Städtle" hoch über dem Bühlertal ist mit seiner malerischen Kulisse einen Abstecher wert. Die Stadt gilt als einzig erhaltene Trutzfeste Nordwürttembergs. Liebevoll restaurierte Fachwerkhäuser wie das Alte Amtshaus und das Ganerbenhaus, das aus dem Jahr 1514 stammt und als ältestes Haus der Stadt gilt, prägen die Altstadt. Imposant ist aber bereits der Eintritt in die Altstadt durch den Stadttorturm. Einzigartig in Süddeutschland ist der unterirdische Wehrgang, der nach einer Renovierung nicht nur gut erhalten, sondern auch teils begehbar ist. Ursprünglich verlief er im Mittelalter rings um die Burganlage.

Auch Moderne Kunst findet Platz in Vellberg. Mit dem Skulpturenweg ist Vellberg so gesehen ein modernes Freilichtmuseum.

Das mittelalterliche Städtchen Vellberg.

Essen, Trinken & Durchatmen

Ein kulinarischer Abzweig

Das integrative Café **Samocca** in Aalen bietet nicht nur Spezialkaffee aus der eigenen Kaffeerösterei, ausgewählte Teesorten und feine Trinkschokoladen. Zum Essen werden Delis serviert, also frische und hochwertige Leckereien. Das Samocca-Team setzt sich zu einem Großteil aus Menschen mit Handicap zusammen, die Lust an Begegnungen haben und mit besonderer Freude bei der Arbeit sind. Besonders schön ist es im Außenbereich des Cafés.

Samocca
Bahnhofstraße 65
73430 Aalen
Tel. +49 7361 529031
www.samocca.de

Stilvoll-rustikal ist das **Restaurant Entenbäck** in Schwäbisch Hall. Gekocht wird nach Rezepten der schwäbischen und der mediterranen Küche mit einem kreativen Touch. Das schöne Fachwerkhaus war übrigens im 17. Jahrhundert im Besitz eines Bäckers. Im 19. Jahrhundert erwarb ein weiterer Bäcker namens Entenmann das Haus und vererbte ihm sozusagen seinen Namen. In den 1970ern wurde die Bäckerei aufgelöst und in ein Gasthaus umgewandelt.

Restaurant Entenbäck
Steinerner Steg 1
74523 Schwäbisch Hall
Tel. +49 791 97829182
www.entenbaeck.de

Moderne Kunst

Kloster Großcomburg, Schwäbisch Hall

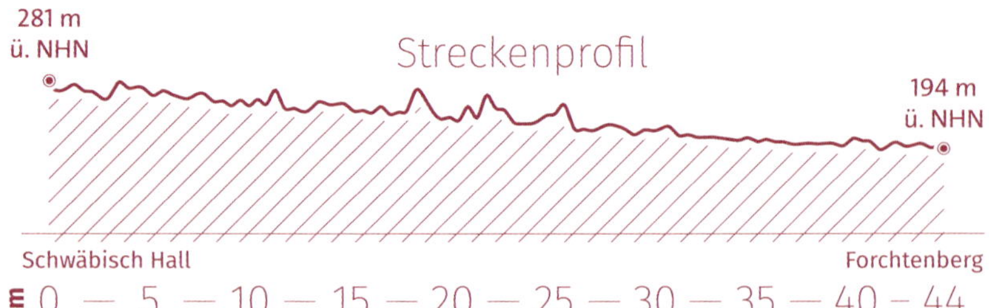

am Fluss

Auch wenn man in Schwäbisch Hall heute nicht mehr allerorts auf die Spuren des Salzes stößt, so weist doch der Name der Stadt auf dessen große Bedeutung in der Geschichte der Stadt. Das keltische „Hall" (Salz) verweist darauf, dass bereits die Kelten hier kostbares Salz gewannen. Belegt ist, dass zwischen dem 5. bis in das 1. Jahrhundert v. Chr. die Kelten durch Erhitzen des salzhaltigen Grundwassers weißes Gold gewannen. Die Salzgewinnung im Mittelalter verhalf der Stadt dank des blühenden Handels durchaus zu einem gewissen Reichtum. Bis in das 19. Jahrhundert bildete die Salzgewinnung die wirtschaftliche Grundlage der Stadt. Viele Menschen waren auch indirekt durch die Saline beschäftigt, z. B. als Handwerker oder Fuhrleute. Ab den 1850er-Jahren verlor die Saline jedoch an Bedeutung, 1924 wurde sie endgültig geschlossen und die Bauten abgerissen, sodass heute kaum mehr Spuren davon zu sehen sind.

Mit diesem Wissen im Gepäck steigt man nun wieder auf das Fahrrad, um dem Kocher weiter flussabwärts zu folgen. Alternativ kann man zunächst noch eine Abzweigung des Kocher-Jagst-Radwegs nach Wackershofen nehmen und sich auf eine Zeitreise im **Hohenloher Freilandmuseum** 5 begeben.

Der Kocher zieht ein paar Schleifen, das Tal wird zunehmend schöner. Immer wieder teilt sich der Fluss in mehrere Ärmchen auf. Und der Radweg wechselt auch hin und her, zwischen linkem und rechtem Kocherufer. Zunächst erreicht man Untermünkheim. Auf der Weiterfahrt stellt sich dem Kocher und dem Radweg ein mächtiges Bauwerk quer in den Weg. D. h., eigentlich überspannt es das Tal: Die 1979 fertiggestellte Kochertalbrücke hinter Geislingen ist mit einer Höhe von 185 m die höchste Brücke Deutschlands.

Lohnenswerter Schlenker 5

Hohenloher Freilandmuseum

Das Leben ohne Smartphone und Internet

Gerade für junge Menschen ist das Leben ohne Smartphone und Internet, ohne Computer und Fernsehen, ja sogar ohne Strom nicht vorstellbar. Einen Einblick in das Leben und Arbeiten längst vergangener Zeiten gewährt das Hohenloher Freilandmuseum. Auf dem weitläufigen, landschaftlich schönen Areal sind insgesamt 70 historische Gebäude aus der Region Württembergisch Franken aus der Zeit von 1600 bis heute nachgebaut und mit originalgetreuer Einrichtung ausgestattet worden. Bauernhöfe, Handwerkerhäuser, Werkstätten, Scheunen, Mühlen, eine

Im Hohenloher Freilandmuseum

Weingärtnerhaus

Kapelle, ein Schulhaus, ein Bahnhof und ein Gefängnis sind Teil des „Dorfes“ und zeichnen auch ein Bild unterschiedlicher Lebensverhältnisse, wohlhabenderer ebenso wie ärmerer Leute. Umgeben werden die Gebäude von Gärten und Feldern, auf denen historische Zier- und Nutzpflanzen gedeihen. Limpurger Kühe, Schwäbisch Hällische Landschweine, Coburger Fuchsschafe, Ziegen und Federvieh vermitteln dem Flecken Erde, der in der Zeit steckengeblieben zu sein scheint, ein authentisches Flair. Nachmittags kann man (unter der Woche) jeweils Handwerkern wie einer Seifensiederin oder einem Sägmüller, einer Töpferin oder einem Wagner bei der Arbeit über die Schulter schauen.

Auf das beinahe städtisch wirkende Braunsbach folgt entlang der Strecke der Weiler Döttingen. Vorbei an Steinkirchen, Weilersbach, Kocherstetten auf der anderen Flussseite, und Morsbach, erreicht man **Künzelsau**. Die geruhsame und gleichsam lebenslustige Stadt hat einen schönen alten Kern, in dem noch viele historische Gebäude wie das Alte Rathaus und das Renaissanceschloss Bartenau erhalten sind. Künzelsau ist aber auch Standort mehrerer international agierender Unternehmen, so etwa der Firmenzentrale des Unternehmens Würth. Reinhold Würth, der aus der väterlichen Schraubengroßhandlung einen weltweit tätigen Handelskonzern aufbaute, ist auch bekannt als passionierter Sammler und Förderer moderner und zeitgenössischer Kunst. In Künzelsau gibt es für Kunstinteressierte gleich zwei sehenswerte Orte: das **Museum Würth** und das **Museum Würth 2** 6.

Zwischen Künzelsau und Forchtenberg hat sich der Kocher, ebenso wie etwas östlicher die Jagst, tief in den Muschelkalk der Hohenloher Ebene eingeschnitten. Auf dem steinigen und fossilreichen Boden sind steile Weinberge angelegt, auf denen Silvaner und Schwarzriesling wachsen. Unten im Tal zieht der Fluss seine Schleifen, oben, in der Weite der Landschaft, grasen unbeirrt die Limpurger Rinder, eine der ältesten Rinderrassen Deutschlands.

Hoch über dem Kocher liegt das Städtchen Ingelfingen. Der Erholungsort blickt auf eine lange Weinbautradi-

Am Kocher in Künzelsau

Museum Würth

6 *Highlight* am Wegesrand

Die **Würth-Museen** in Künzelsau

Sage und schreibe 18.000 Kunstwerke umfasst die Sammlung Würth aktuell. In vier Museen in Deutschland, zwei davon in Künzelsau und zwei in Schwäbisch Hall, sowie in zehn Kunstdependancen jeweils an den Standorten der Würth Gruppe werden Werke aus der Sammlung von Reinhold Würth, die insbesondere Skulpturen, Malerei und Grafiken vom ausgehenden 19. Jahrhundert bis zur Gegenwart umfasst, gezeigt. An dieser Stelle kann man lediglich ein paar wenige der hochkarätigen Künstler herauspicken: Edvard Munch, Max Ernst, Pablo Picasso, Alfred Hrdlicka, Hans Arp, Christo oder Jeanne-Claude etwa sind in der Sammlung vertreten. Das Museum Würth in Künzelsau zeigt zum einen ausgewählte moderne und zeitgenössische Kunstwerke, in einem zweiten Ausstellungsbereich widmet es sich Schrauben und Gewinden. Denn im-

merhin: Die Schrauben gelten als technisches Schlüsselmedium der Menschheit. Und auch die Palette ihrer Anwendung ist unglaublich vielfältig. Das Museum Würth 2 widmet sich der Bildenden Kunst. Herausragend ist auch jeweils die Architektur der Würth-Museen.

Romantik in Künzelsau

tion zurück. Im Jahr 1080 wurde der Weinbau hier das erste Mal urkundlich erwähnt. Ein nicht zu übersehender Hinweis darauf ist das Ingelfinger Weinfass, das zweitgrößte Holzfass Europas. Es beherbergt ein Weinbaumuseum mit allerhand Werkzeugen, die von außen durch Schaufenster zu besichtigen sind. Außerdem kann man in der Verkaufsstelle der Weinkellerei Hohenlohe die Weine erwerben.

Wieder wird die Uferseite gewechselt. Auf der orografisch linken Seite setzt sich der Weg fort, Criesbach liegt bald auf der gegenüberliegenden Uferseite.

Der nächste Ort ist Niedernhall. Auch hier verrät der Name bereits, dass das Salz in der Geschichte des Ortes von wirtschaftlicher Bedeutung war. Bis in das 19. Jahrhundert wurde hier aus einem 290 m tiefen Brunnen das „wei-

Blick über Niedernhall mit Weingut im Hintergrund

ße Gold" gewonnen. Die denkmalgeschützte Altstadt mit ihren Türmen und der 700 m langen Stadtmauer lädt zu einem Zwischenstopp ein.

Ab Weißbach führt der Radweg auf einer stillgelegten Bahnstrecke, zunächst für ein kurzes Stück. Später wird man wieder auf die Trasse treffen. Es gibt hier immer wieder stillgelegte Bahnhöfe, die umgebaut und in ein Gasthaus umgewandelt wurden. Ein ungewohntes, aber reizvolles Ambiente.

Dann gelangt man bereits nach **Forchtenberg** 7. Die Altstadt, die sich hinter einer geschlossenen Stadtmauer, so wie man sie in dieser Gegend nur allzu selten sieht, versteckt, bietet ein sehr hübsches mittelalterliches Ensemble. Hier sollte man sich also Zeit nehmen.

 *Highlight* am Wegesrand

Forchtenberg

Die Geburtsstadt der Sophie Scholl

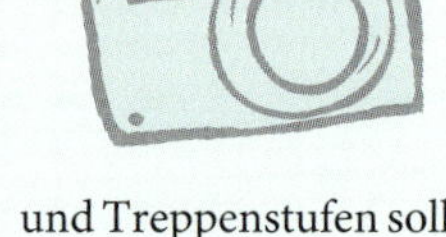

Die alte Stadtmauer von Forchtenberg umrundet nicht nur die Altstadt. Auf ihr direkt aufgebaut sind Häuser, vielfach in Fachwerkbauweise errichtet, die heute unter Denkmalschutz stehen. Und vor ihnen liegen ihre Privatgärten. Die mittelalterliche Altstadt mit dem Würzburger Tor, dem Diebesturm und dem Backhaus, ihren engen, steilen Gassen, den Winkeln voll Überraschungen und Treppenstufen sollte man in aller Geruhsamkeit zu Fuß erkunden.

Der berühmtesten Tochter der Stadt, Sophie Scholl, die 1921 in Forchtenberg als Tochter des damaligen Bürgermeisters Forchtenbergs geboren wurde, und ihrem Bruder Hans ist ein Pfad gewidmet, der auf 12 Stationen an die mutigen Widerstandskämpfer der Gruppe „Die Weiße Rose“ erinnert. Das Symbol, die weiße Rose, ist auch in der Stadt allerorts anzutreffen.

Hoch über der Stadt thronte einst eine der größten Burganlagen Deutschlands. Die Ruine bildet heute eine reizvolle Kulisse für Veranstaltungen wie das Open-Air-Kino.

Fachwerk in Forchtenberg

In Forchtenberg

Essen, Trinken & Durchatmen

Ein kulinarischer Abzweig

Ein Stück Bella Italia gibt es in der **Pizza Manufaktur zum Glück** in Künzelsau. Amüsant zu lesen ist die Karte, auf der es zwischen Teufelskerl, Glückspilz, Erste Sahne, Is' mir Wurst, Hick Hack und vielen weiteren Pizza- und Pastavariationen auszuwählen gilt. Das klassische Dessert aus Italien, das Tiramisu, rundet den Kurzaufenthalt in Italien im fränkisch geprägten Baden-Württemberg inmitten von Künzelsau ab. Na dann: Buon Appetito!

Pizza Manufaktur zum Glück
Kirchgasse 1
74653 Künzelsau
Tel. +49 7940 9833666
www.zumglueck-kuenzelsau.de

LOK7119 ist einer jener Bahnhöfe auf dem Kocher-Jagst-Radweg, der stillgelegt, dann aber nicht abgerissen, sondern umfunktioniert wurde – und zwar in ein Gasthaus mit Biergarten. Dank der Lage direkt am Radweg ist die LOK7119 ideal für einen Bikerstopp. In einem alten, umgebauten Bahnwaggon kann man sogar übernachten. Auf der Speisekarte stehen Burger, Schnitzel und Salate. Und nach der Einkehr geht es gestärkt weiter – nicht mit dem Zug, sondern mit dem Fahrrad.

LOK7119
Bahnhofstraße 11
74679 Weißbach
Tel. +49 7947 942215

Zwischen Wein

Forchtenberg aus der Luft

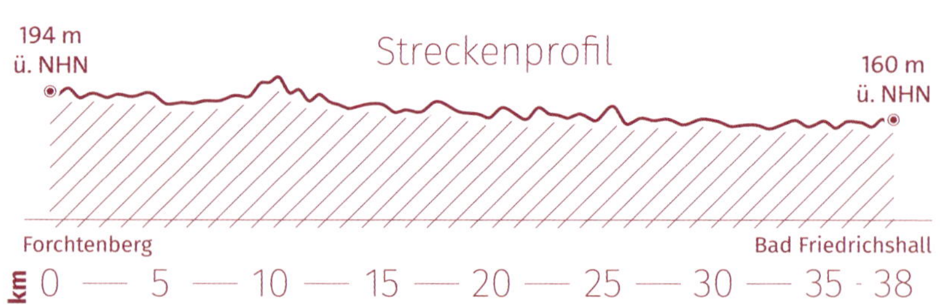

und Salz

Die Weinberge begleiten auch von Forchtenberg weiter Richtung Bad Friedrichshall den Kocher-Jagst-Radweg, dazu üppige Wälder und saftige Wiesen – Grün in all seinen Farbnuancen. Manchenorts kommt man an Schafen vorbei, die an den Hängen und Weinbergen gemütlich grasen. Und hoch oben thronen hier und da Schlösser und Burgen, während am Kocher charmante Ortschaften mit ihren Fachwerkbauten liegen.

Der Radweg leitet zunächst auf dem rechten Kocherufer weiter in Richtung Westen. In Ernsbach befindet sich auf einer Insel inmitten des Kochers das **Kocherwerk**. In dem alten Mühlengebäude erzeugte die Firma Arnold ab dem Ende des 19. Jahrhunderts Schrauben. Die Branche wuchs im Laufe des 20. Jahrhunderts. Die Lage am Kocher erwies sich dabei als ideal, zumal nicht nur die Wasserkraft für die Produktion genutzt werden konnte, sondern der Fluss auch als Transportweg diente. Heute produzieren bzw. handeln 30 Unternehmen der Region Schrauben- und Befestigungsteile. 10.000 Menschen arbeiten in diesem Cluster. An der Stelle der historischen roten Mühle hat mittlerweile ein Museum Platz gefunden, das 2021 eröffnet wurde und die Wirtschaftsgeschichte der Region im Bereich Schrauben und Befestigung von der Industrialisierung bis heute beleuchtet. Die Ausstellung will das Thema aber nicht nur aus der Theorie betrachten. Im Labor erhalten Gäste die Gelegenheit, die Produkte, ihre Herstellung und Anwendung aus der Praxisperspektive kennen zu lernen und zu „begreifen". Initiiert wurde das Projekt von Reinhold Würth, getragen wird es vom Verein der „Förderer des Schrauben- und Befestigungsclusters Hohenlohe e.V.", dem zahlreiche Formen aus dem regionalen Cluster angehören. Der Eintritt in das Museum ist kostenlos.

Hands-On-Tisch im

Kocherwerk

1 2 3 4 5 6 7 8 9 10
Anfänger
Experte
de
en
PRODUKT QUIZ
Los geht's!

8 *Highlight* am Wegesrand

Sindringen

Treffpunkt der Töpfer

Das idyllische alte Städtchen, das einst am Obergermanisch-Rätischen Limes lag, hinter der malerischen Flusskulisse mit dem Wehr besitzt noch eine vollständig erhaltene Stadtmauer. Das Sindringer Schloss mit seinem mächtigen Turm kann nur von außen besichtigt werden. Erhalten ist auch die historische Stadtmühle, die bis in das Jahr 1980 in Betrieb war. Enge Gassen führen durch die zauberhafte Altstadt.

Ein Höhepunkt im Jahr ist der traditionelle Sindringer Töpfermarkt, der seit 1988 alljährlich im Mai veranstaltet wird. Zu diesem Anlass reisen jährlich rund 10.000 Besucher extra an, um in die Welt der Keramik und Töpferkunst einzutauchen. Kulturgut und Brauchtum werden hier hoch gehalten. Alternativ zeigt der 2 km lange Sindringer Töpferpfad, ein Themenweg durch die kleine Altstadt, verschiedene Kunstwerke aus Ton.

Auf Ernsbach folgt **Sindringen** **8** – wie Ernsbach ein Stadtteil von Forchtenberg, es besitzt aber ein Stadtrecht. Der Radweg führt in das Naturschutzgebiet Vogelhalde Sindringen-Ohrnberg. Eine Brutkolonie des Graureihers gab den Anlass dazu, das Gebiet am Kocher im Jahr 1979 unter Schutz zu stellen. Damals gab es in der Region nur drei vergleichbare Nistplätze. Auch Eisvogel, Biber und Großer Feuerfalter sind in der Vogelhalde zuhause.

In Ohrnberg geht es wieder über die Brücke auf die andere Kocherseite. Ab Möglingen, dem nächsten Ort auf der Route, verläuft der Radweg wieder auf der ehemaligen Bahntrasse. Darauf gelangt man nach Kochersteinsfeld. Auf halber Strecke nach Gochsen liegt der Schauweinberg mit Raststation. Wer das Weinbergstäffele erklimmt, wird mit einem schönen Ausblick auf das Kochertal und den Brettacher Hochwald belohnt.

Sindringen ist für seinen Töpfermarkt bekannt

Nun einmal unter einer Autobahnbrücke hindurch, dann gleich darauf über die Kocherbrücke hinüber, bietet sich der Blick auf den Ort Bürg auf dem gegenüberliegenden Ufer mit seinem spätgotischen Gemming'schen Schloss mit den markanten Treppengiebeln.

Einen Kilometer weiter wartet bereits **Neuenstadt** 9. Mit dem fantastischen Bahnradweg ist nun Schluss. Dafür leitet einen der Radweg direkt zu Schloss Neuenstadt und durch dessen Torbogen in den alten Teil der Stadt. Sightseeing am Kocher-Jagst-Radweg inklusive.

Im Sommer wird der Schlossgraben des Renaissanceschlosses Neuenstadt in eine **Freilichtbühne** verwandelt, auf der, wie auch an anderen Orten entlang des Kocher-Jagst-Radwegs – beispielsweise in Schwäbisch Hall oder Jagsthausen – Theaterstücke unter freiem Himmel aufgeführt werden. Ein schönes Abendprogramm!

Blick auf den Ortsteil Bürg

9 ***Highlight*** am Wegesrand

Neuenstadt am Kocher

Auf den Spuren Eduard Mörikes

Als „ein freundliches Städtchen" beschrieb der Dichter Eduard Mörike 1834 Neuenstadt am Kocher. Die schönen Fachwerkhäuser der Altstadt und die teils erhaltene historische Stadtmauer machen auch fast 200 Jahre später ein freundliches und hübsches Bild.

Von 1649 bis 1781 war Neuenstadt die Residenz einer Nebenlinie des württembergischen Herzoghauses, was der wirtschaftlichen Entwicklung der Stadt zugute kam. Das Schloss und die prächtigen Särge in der Herzogsgruft der Stadtkirche erinnern heute noch an diese Zeit.

Mit der ersten Herzogin kam auch die Familie Mörike nach Neuenstadt. Der Lyriker Eduard Mörike war ab 1834 Pfarrer in Cleversulzbach, einem Ortsteil Neuenstadts. Aus gesundheitlichen Gründen beantragte er jedoch 1843, mit nur 29 Jahren, den Ruhestand und zog 1844 um. In Cleversulzbach, wo auch Mörikes sowie Friedrich Schillers Mutter begraben sind, gibt es ein Museum zu Ehren des Dichters.

Kulturell interessant ist außerdem das Museum im Schafstall. Tatsächlich diente das Gebäude aus der Mitte des 18. Jahrhunderts als Stall für Schafe, 1991 wurde es nach umfangreichen Renovierungen in ein Museum umgewandelt, das wechselnde Ausstellungen in- und ausländischer Künstler zeigt. Und auch ein wenig Heimatgeschichte hat in diesem charmanten Ambiente seinen Platz gefunden.

Marktplatz Neuenstadt

Wissenswertes im Gepäck

Freilichtbühnen

Kulturgenuss unter freiem Himmel

In den Sommermonaten werden mittelalterliche Schlösser, Burgen und Marktplätze entlang des Kocher-Jagst-Radwegs in Freilichtbühnen verwandelt, auf denen Theaterstücke aufgeführt und Konzerte gegeben werden. Die romantische Kulisse unter dem Sternenhimmel verleiht den Veranstaltungen ein ganz besonderes Flair und bietet ein wunderbares Abendprogramm nach einem Tag auf dem Fahrrad.

Besonders außergewöhnlich ist die Freilichtbühne in Schwäbisch Hall. Hier dient die berühmte Treppe der Stadtpfarrkirche St. Michael als Bühne. Der Marktplatz wird dabei zur Loge für die Besu-

Nach Neuenstadt trifft man wieder auf die alte Bahntrasse. In Kochertürn wechselt man abermals die Flussseite. Dann gelangt man nach Oedheim mit dem Bautzenschloss, der St. Mauritiuskirche und dem schönen Witwenhaus.

Auf der alten Bahntrasse gelangt man bald nach **Bad Friedrichshall** 10, das ab 1933 aus mehreren mittelalterlichen Städten, darunter Jagstfeld und Kochendorf, zusammengewachsen ist.

Auf der anderen Seite des Neckars liegt die mittelalterliche Stadt **Bad Wimpfen** 11, dessen Stadtbild die majestätisch anmutende Kaiserpfalz prägt. Es lohnt sich also gleich mehrfach, hier, am Treffpunkt von Neckar, Kocher und Jagst, ein wenig mehr Zeit einzuplanen.

cher. Die **Freilichtspiele Schwäbisch Hall** haben bereits seit 1925 Tradition und sind damit die zweitälteste derartige Veranstaltungsreihe Deutschlands.

Seit immerhin 1950 finden vor der zauberhaften Kulisse der historischen Burg die **Burgfestspiele Jagsthausen** statt. Einzigartig ist, dass hier auf der Götzenburg Goethes Schauspiel „Götz von Berlichingen", über den an späterer Stelle noch zu lesen sein wird, am originalen Schauplatz aufgeführt wird.

Die weiteren Freilichtbühnen entlang des Weges sind die Freilichtspiele Neuenburg, die Jagsttalbühne Möckmühl, die Burgschauspiele Leofels in der Staufferruine, das Theater im Fluss in Künzelsau und die Künzelsauer Burgfestspiele im Burggraben von Schloss Stetten.

Das Repertoire und die Akteure könnten unterschiedlicher kaum sein: Amateurensemble im Stationentheater, Klassiker wie „Jedermann" von Hugo von Hoffmansthal dargeboten von einem professionellen Ensemble, Musiktheater, Bauernoper … Sollte sich also die Möglichkeit ergeben, empfiehlt es sich, vorab den Spielplan der Stätten zu studieren und sich das Stück der Wahl auszuwählen.

Freilichtspielproben in Schwäbisch Hall: Bitte nicht stören

10 *Highlight* am Wegesrand

Die Drei-Flüsse-Salzstadt

Bad Friedrichshall

Der Beiname „Drei-Flüsse-Salzstadt“ erzählt schon einiges über die Topografie und die Historie von Bad Friedrichshall. Tatsächlich ging die Stadt aus dem Zusammenschluss mehrerer Orte hervor.

Außerdem darf sie gleich mehrere Schlösser ihr Eigen nennen: Das Greckenschloss hoch über Kochendorf stammt aus der Wende 16./17. Jahrhundert und ist heute eine Location für Feierlichkeiten. Das Wasserschloss Lehen ist heute ein Hotel. Das St. André'sche Schlösschen nahe dem Alten Rathaus geht auf den Beginn des 18. Jahrhunderts zurück. Hoch über der Jagst thronen dann noch das in Privatbesitz befindliche Schloss Heuchlingen und die ehemalige Burg Duttenberg.

Tiefe Einblicke gewährt das **Besucherbergwerk Bad Friedrichshall**. Ab

Geologiekammer

1816 wurde zunächst in Jagstfeld und ab 1895 in Kochendorf nach Steinsalz gebohrt. Die unterirdischen Stollen, in denen der Abbau erfolgte, können heute besichtigt werden. Dazu wird man zunächst mit dem Förderkorb 180 m tief unter die Erde befördert. Tief im Berg erfährt man Spannendes über die Geschichte des Salzabbaus und die verschiedenen Anbaumethoden.

Eines der Highlights ist der Continuous Miner, eine der größten Bergbaumaschinen der Welt. Während des Zweiten Weltkriegs wurden die bombensicheren Stollen für die Rüstungsindustrie zweckentfremdet. 1944 wurde in Kochendorf eine Abteilung des Konzentrationslagers Natzweiler-Struthof eingerichtet, die Häftlinge mussten unter Tage für die Rüstungsproduktion arbeiten. Die Gedenkstätte KZ-Kochendorf erinnert an dieses dunkle Kapitel der Geschichte.

Förderturm König Wilhelm II.

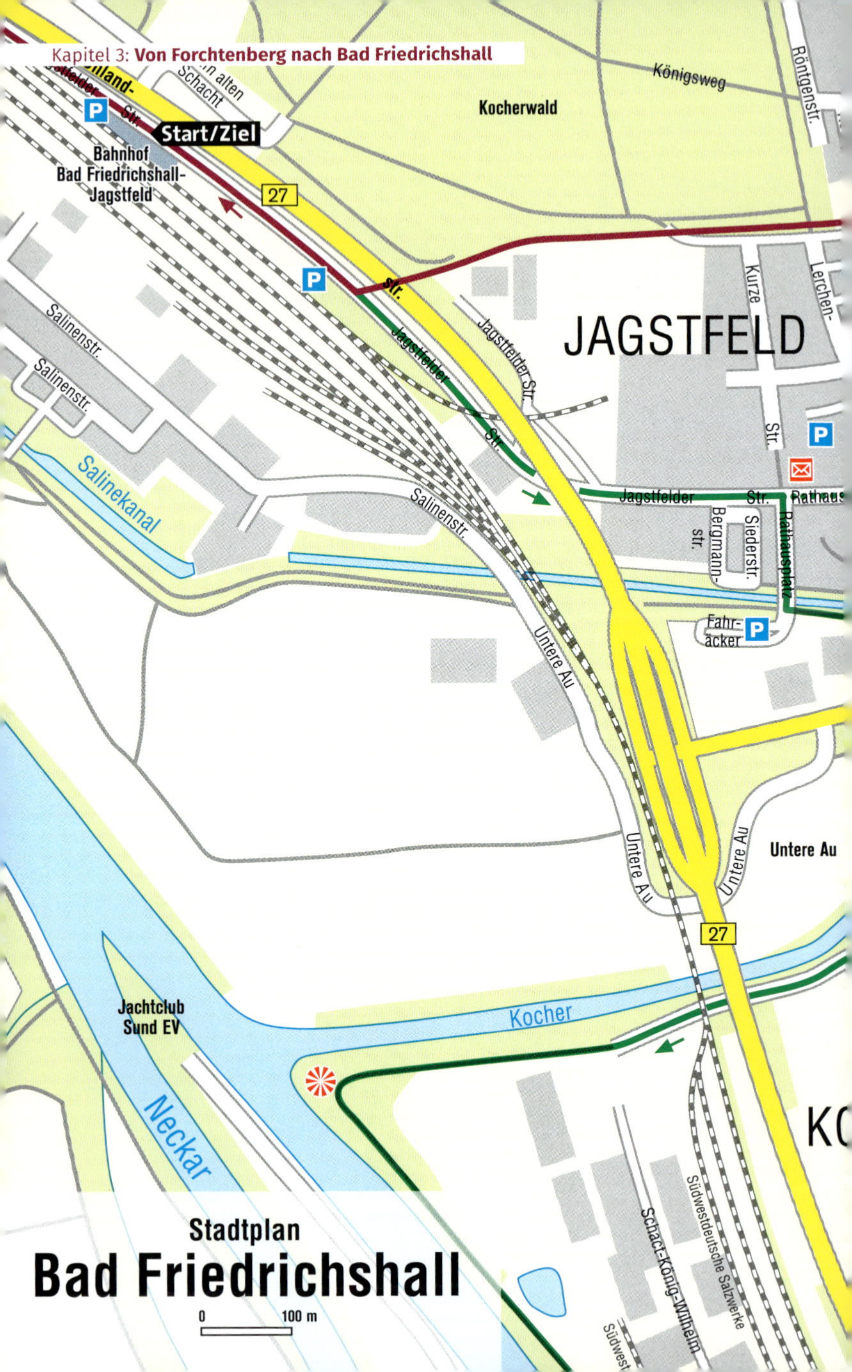
Start/Ziel
Bahnhof
Bad Friedrichshall-
Jagstfeld
Schacht
Kocherwald
Königsweg
Röntgenstr.
27
Str.
Jagstfelder
Jagstfelder Str.
JAGSTFELD
Kurze
Str.
Lerchen-
Salinenstr.
Salinenstr.
Salinekanal
Salinenstr.
Jagstfelder
Str.
Rathaus
Bergmann-
str.
Siederstr.
Rathausplatz
Fahr-
äcker
Untere Au
Untere Au
Untere Au
Untere Au
27
Kocher
Jachtclub
Sund EV
Neckar
Südwestdeutsche Salzwerke
Schacht-König-Wilhelm
Südwest
Stadtplan
Bad Friedrichshall
0
100 m

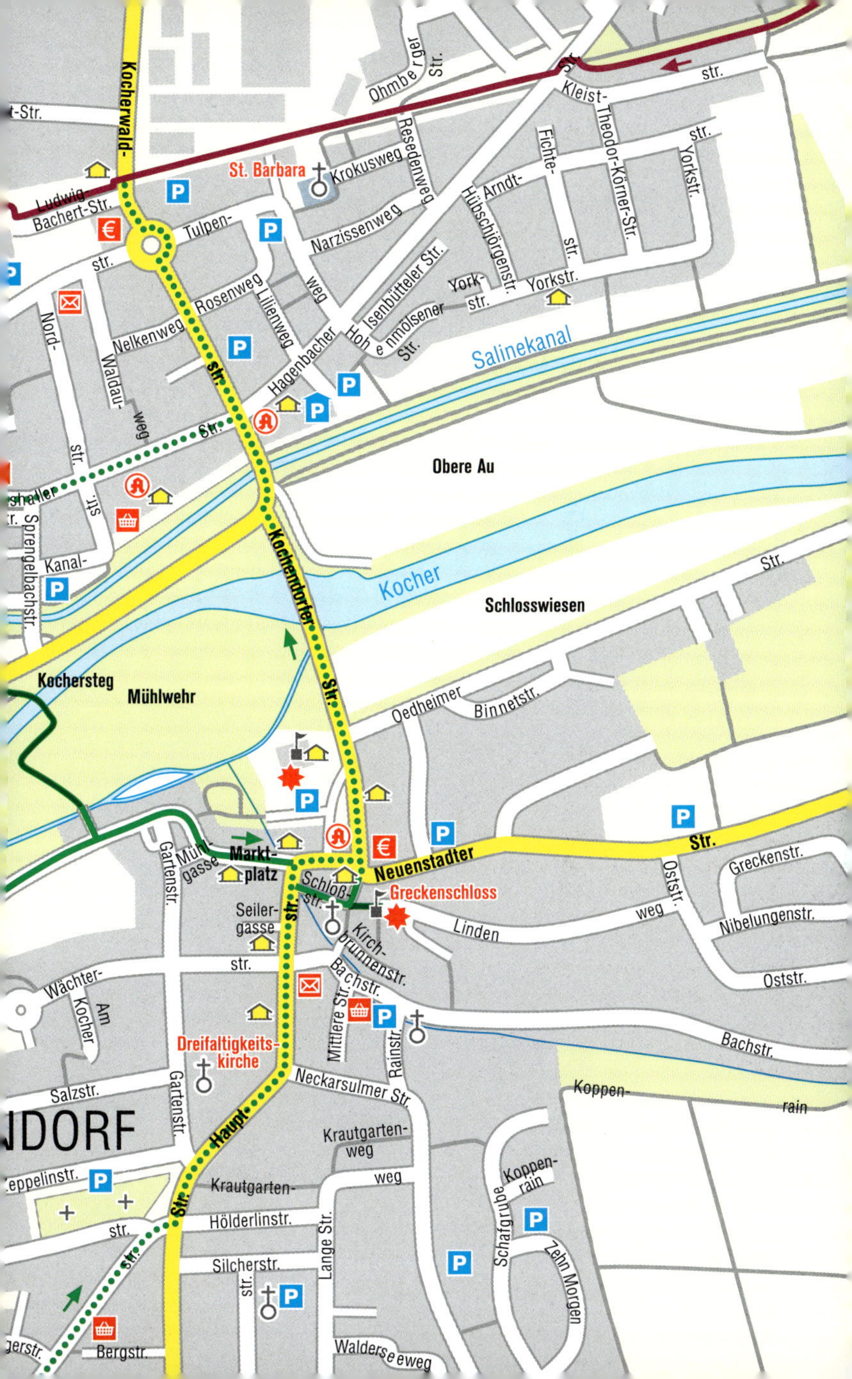
Kocherwald-
Ludwig-Bachert-Str.
Tulpen-str.
Ohmberger Str.
Kleist-str.
Resedenweg
St. Barbara
Krokusweg
Narzissenweg
Arndt-str.
Fichte-str.
Theodor-Körner-Str.
Yorkstr.
Hübschjörgenstr.
Isenbütteler Str.
York-str.
Yorkstr.
Hohenmolsener Str.
Salinekanal
Rosenweg
Lilienweg
weg
Hagenbacher Str.
Nelkenweg
Waldau-weg
Nord-str.
Obere Au
Kocher
Kocherndorfer Str.
Sprengelbachstr.
Kanal-str.
Schlosswiesen
Str.
Kochersteg
Mühlwehr
Oedheimer
Binnetstr.
Neuenstadter Str.
Markt-platz
Mühlgasse
Gartenstr.
Schloß-str.
Greckenschloss
Lindenweg
Oststr.
Greckenstr.
Nibelungenstr.
Oststr.
Seiler-gasse
str.
Kirchbrunnenstr.
Bachstr.
Bachstr.
Wächter-
Am Kocher
Dreifaltigkeits-kirche
Mittlere Str.
Rainstr.
Neckarsulmer Str.
Koppen-rain
Salzstr.
Gartenstr.
Haupt-str.
DORF
Krautgarten-weg
Krautgarten-weg
Koppen-rain
Schafgrube
Zeppelinstr.
Hölderlinstr.
Silcherstr.
Lange Str.
Zehn Morgen
Bergstr.
Waldersee weg

Bad Wimpfen

In Bad Wimpfen liegt ein Hauch von Vergangenheit in der Luft. Bad Wimpfen am Berg, einer von drei Stadtteilen, ist mit der staufischen Kaiserpfalz ein markanter Blickfang hoch über dem Neckar. Im Mittelalter entwickelte sich Bad Wimpfen zu einer Art Metropole. Die Feste, in der die staufischen Reisekaiser Halt machten, gilt mit ihren Türmen, dem Steinhaus, dem Hohenstaufentor, der Pfalzkapelle und den Arkaden im Palas als die größte **Kaiserpfalz** nördlich der Alpen. Kaiser Friedrich I. Barbarossa war der erste unter ihnen, der die Marktstadt zur trutzigen Pfalz ausbauen ließ. Heute ist der Blaue Turm das Wahrzeichen der Stadt. Das Reichsstädtische Museum im Alten Spital erzählt von der Geschichte der Stadt.

Bad Wimpfen im Tal ist der älteste Teil der Stadt. Im 1. und 2. Jahrhundert entwickelte sich hier aus einem römischen Kastell eine bedeutende Stadt, deren Ausdehnung größer war als die heutige. Zu den besonderen Sehenswürdigkeiten der Talstadt zählt die Katholische Ritterstiftskirche St. Peter, die auf dem einstigen Fundament der Römerstadt erbaut wurde. Im Stil der neckarschwäbischen Gotik gehalten, gilt sie als eine der schönsten und besterhaltenen Kirchen des Landes.

Kaiserpfalz Bad Wimpfen

Anschluss an den Neckarradweg in Bad Wimpfen

Essen, Trinken & Durchatmen

Ein kulinarischer Abzweig

Im Ortskern Sindringens befindet sich das Hotel Nothwang mit dem angegliederten Restaurant **Le Clochard**. Das familiengeführte Landwirtshaus und insbesondere der urige Biergarten sind ein idealer Rastplatz auf der Radtour. Die Speisekarte umfasst hausgemachte schwäbische Spezialitäten wie Maultaschen, aber auch internationale Gerichte wie argentinische Rindersteaks. Ein Blickfang sind die Fleischspieße.

Le Clochard
Pfarrgasse 4
74670 Forchtenberg-Sindringen
Tel. +49 7948 521
www.hotel-nothwang.de

Unter dem Dach von **Friedrich Feyerabend** sind in Bad Wimpfen Café/Konditorei, Weinstube und Restaurant vereint. Im Erdgeschoss erfreut man sich an selbst gemachten Backwaren, Kuchen und Torten aus Meisterhand. In der traditionsreichen Weinstube, ebenfalls im Erdgeschoss, genießt man im Gründerzeitambiente am besten eine Vesper. Gehoben geht es im ersten Stock des Hauses im Restaurant Friedrich zu.

Friedrich Feyerabend
Hauptstraße 74
74206 Bad Wimpfen
Tel. +49 7063 950566
www.friedrich-feyerabend.de

Die Seebrücke am Schöneberger Strand

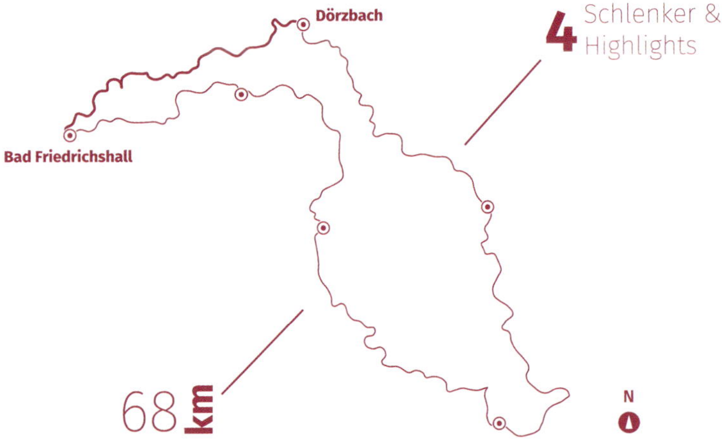

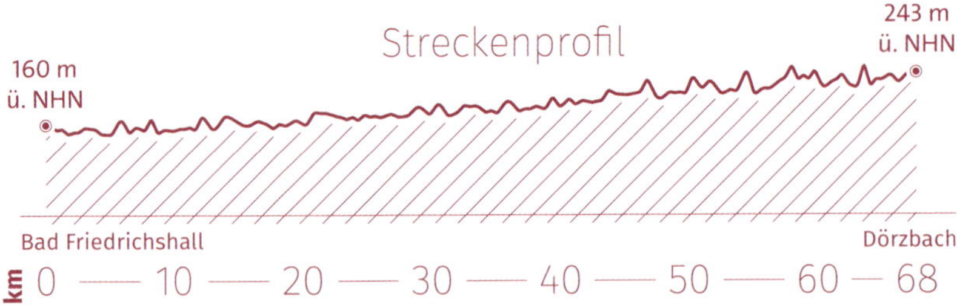

4 Schlenker & Highlights

Dörzbach

Bad Friedrichshall

68 **km**

N

Streckenprofil

160 m ü. NHN

243 m ü. NHN

Bad Friedrichshall

Dörzbach

km 0 — 10 — 20 — 30 — 40 — 50 — 60 — 68

Drei-Flüsse-Eck

Drei Flüsse treffen hier, in Bad Friedrichshall, aufeinander. Im Abstand von nur wenigen Hundert Metern mündet zunächst der Kocher, dann die Jagst in den Neckar. Hier gäbe es einen Anschluss an den Neckartal-Radweg. Der Kocher-Jagst-Radweg kommt in Bad Friedrichshall an seinen Wendepunkt. Von nun an folgt man der Jagst entgegen ihrer Fließrichtung. Das bedeutet, dass es von nun an auf dem Rückweg zum Ausgangspunkt Aalen kontinuierlich bergauf geht. Wunderschöne Ortschaften können entlang der Strecke durch das malerische Jagsttal erkundet werden.

In Jagstfeld trifft man bereits auf die **Jagst**, der Radweg orientiert sich mal rechts, mal links des Flusses. Zunächst liegt die Jagst links des Radwegs. Auf der gegenüberliegenden Uferseite ist der kleine Ort Duttenberg. Auf einer Anhöhe über der Jagst thront Schloss Heuchlingen, das ursprünglich auf das 12. Jahrhundert zurückgeht. Heute bildet das Renaissanceschloss den Mittelpunkt eines landwirtschaftlichen Gutes. Nun wird erstmals die Seite gewechselt. Nach Überqueren der Brücke liegt die Jagst nun rechts des Radwegs. Der Fluss zieht einen weiten Bogen, den auch der Radweg nachvollzieht. Auf der anderen Uferseite liegt Untergriesheim.

Die nächste Stadt auf dem Weg ist **Herbholzheim**. Barocke Bauten und Fachwerkhäuser prägen das Stadtbild. Außerdem trifft man in der Stadt noch auf die Spuren der Herbholzheimer Vergangenheit. Im Jahr 1854 wurde in Herbolzheim die erste Zigarren-Manufaktur gegründet, zwei weitere sollten in den folgenden Jahrzehnten hinzukommen. Die Tabakindustrie entwickelte sich zu einem wichtigen Arbeitgeber und beeinflusste Wirtschaft und Leben der Stadt maßgeblich. Der Tabakweg informiert.

Die Jagst

Der zweite Zwillingsfluss

Die Jagst entspringt auf einem flachen Bergrücken im Vorland der Schwäbischen Alb. Ihr Wasser ist klar und schimmert blaugrün. Im Sommer lädt es zum Baden ein und tatsächlich kommt man immer wieder an kleinen Badestellen vorbei, an denen man sich an flachen Abschnitten seine Beine erfrischen kann. Im Mittel- und Unterlauf wurden zwar nivellierende Maßnahmen wie Kanalisierungen gesetzt. Sie fügen sich aber harmonisch in das Landschaftsbild ein, sodass der Flusslauf nicht künstlich wirkt. Vielmehr scheinen die klei-

nen Staustufen beinahe wie kleine natürliche Seen. Landschaftlich ist das dünn besiedelte Tal sehr reizvoll. Auf den Schattenhängen wächst meist Wald, auf der Sonnenseite wird teils Weinbau betrieben. Die Jagst ist ein wichtiges Refugium des Eisvogels. Außerdem gibt es hier Brutkolonien des Graureihers. Bei Jagstfeld, einem Ortsteil von Bad Friedrichshall, erreicht die Jagst das Neckartal. Sie wird hier breiter und mündet gegenüber der Stadt Bad Wimpfen nach ihrer 190 km langen Reise in den Neckar, der bei Mannheim in den Rhein fließen wird.

Das idyllische Jagsttal.

Nach einer neuerlichen Schleife, die die Jagst und der Radweg vollziehen, stößt man auf **Neudenau** (12), einem reizenden Fachwerkstädtchen.

In ausladenden Bögen geht es weiter, für das kurze Stück bis Siglingen geht

(12) *Highlight* am Wegesrand

Neudenau

Fränkisches Fachwerk in bunter Pracht

Farbenfrohe Fachwerkhäuser, deren Entstehung bis in das 15. Jahrhundert zurückreicht, säumen den Marktplatz von Neudenau, in dessen Zentrum das Wasser aus dem Marktbrunnen plätschert. Eines dieser ist das Rathaus aus dem Jahr 1587 – ein Fachwerkbau der Renaissancezeit. Erhalten ist auch das Schloss Neudenau, das im 13. Jahrhundert errichtet wurde. Heute ist unter dem Dach des Schlosses das Josefine-Weihrauch-Heimatmuseum mit einer volkskundlichen Sammlung untergebracht. Während der Sommermonate werden außerdem Wechselausstellungen mit Werken regionaler Künstler gezeigt. Die Kapelle St. Gangolf liegt etwas außerhalb von Neudenau, direkt am Radweg. Wandmalereien aus dem 14. und 15. Jahrhundert verzieren das Innere der romanischen Kirche. Die Hufeisen am Eingang erinnern an die traditionellen Pferdewallfahrten. Der sogenannte Galgolfsritt findet seit 1923 am zweiten Sonntag im Mai statt.

Die charmanten Fachwerkshäuser prägen die Altstadt von Neudenau

es wieder auf die andere Flussseite, dort wartet aber schon die nächste Brücke. Am Wegesrand liegt das schöne Schloss Assumstadt, das von einem weitläufigen Schlosspark umgeben ist. Das Barockschloss wurde anstelle eines älteren Schlosses im Auftrag der österreichischen Kaiserin Maria Theresia ab 1769 erbaut, die es ihrem ehemaligen Generalfeldzeugmeister schenkte. Im Inneren finden sich zahlreiche Kopien aus Schloss Schönbrunn in Wien, wie Türen, Öfen oder Fenster. Heute werden die Tore in diese außergewöhnlichen Räumlichkeiten für Veranstaltungen des Kulturvereins Schloss Assumstadt geöffnet. Die bezaubernde Atmosphäre und die spezielle Akustik im Rokoko-Saal machen die Kammermusikkonzerte zu einem besonderen Erlebnis.

Naturnah und unverbaut fließt die Jagst bei Neudenau

Der Radweg macht den nächsten Bogen, auf dem anderen Ufer zieht Zütt-

lingen vorbei. Etwas oberhalb des Radwegs liegt das mittelalterliche Schloss Domeneck. Auf direktem Wege führt der Kocher-Jagst-Radweg in den denkmalgeschützten historischen Stadtkern von **Möckmühl** 13. Hier sollte man das Rad getrost einmal abstellen und zu einer Erkundungstour aufbrechen.

In Jagstnähe geht es nun den Schleifen des Flusses entgegen seiner Strömung folgend weiter, unter der riesengroßen Jagsttalbrücke hindurch nach Widdern. Will man den Ort mit den alten Fachwerkhäusern besichtigen, muss man kurz auf die andere Uferseite wechseln, denn der Kocher-Jagst-

Möckmühl

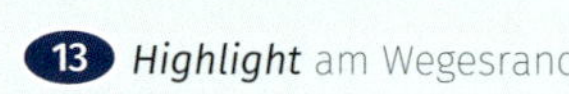

Fränkisches Fachwerk in bunter Pracht

Fachwerk schmückt den historischen Kern von Möckmühl. Das historische Rathaus, das über 400 Jahre alt ist, ist nicht nur ein schöner Fachwerkbau. Es ist auch ein historischer Ort. Denn im Zuge von Restaurierungsarbeiten traten römische Gefäße zutage, die den Beleg dafür lieferten, dass Möckmühl bereits im 2./3. Jahrhundert n. Chr. besiedelt war.

Beschützt wird die Altstadt von einer 500 Jahre alten Stadtmauer, die über sieben Meter in die Höhe ragt. Von den einst fünf Toren wurde eines, das Ruchsener Tor, 1990 wieder aufgebaut. Von Weitem sichtbar ist die Burg Möckmühl, von der nur noch der Bergfried und die Keller tatsächlich aus dem Mittelalter datieren. Der Rest wurde im Jahr 1902 errichtet.

Befestigungsturm der alten Stadtmauer von Mockmühl

Radweg hält sich weiter an der rechten Flussseite. Bei Olnhausen wechselt dann der Radweg wieder offiziell die Seite. **Jagsthausen** 14 ist bald darauf erreicht. Hier erblickte der Ritter **Götz von Berlichingen** das Licht der Welt. Johann Wolfgang von Goethe setzte ihm ein literarisches Denkmal, wodurch sich Jagsthausen zu einem Mekka für Kulturfreunde entwickelte.

14 *Highlight* am Wegesrand

Jagsthausen

Die Heimat des Götz von Berlichingen

Wahrzeichen von Jagsthausen ist die **Götzenburg**, die Stammburg der Familie von Berlichingen, die aus dem 15./16. Jahrhundert stammt. Das Schlossmuseum in der Götzenburg zeigt die original eiserne Hand des Ritters und widmet sich neben dem berühmtesten Sohn der Gemeinde auch der römischen Geschichte, denn in Jagsthausen gab es im 2. Jh. n. Chr. ein Kastell, das der Sicherung des obergermanischen Limes diente. Seit 1950 finden alljährlich in der Stammburg des Ritters mit der eisernen Hand die Burgfestspiele Jagsthausen statt, bei denen Goethes Schauspiel „Götz von Berlichingen" zum Stammrepertoire zählt. Unter freiem Himmel werden aber auch Musicals, Komödien sowie Kinder- und Familienstücke aufgeführt.

Neben der berühmten Götzenburg gibt es noch zwei weitere Schlösser: das Rote Schloss aus der Zeit um 1590 und das Weiße Schloss aus dem Jahr 1792.

Die Überreste eines Römerbades kann man im Freilichtmuseum im Ortskern von Jagsthausen bewundern.

Rast vor der Götzenburg

Götz von Berlichingen

Ritter Götz von Berlichingen wurde um 1480 in Jagsthausen geboren und verbrachte seine Kindheit in der dortigen Burg. Als freier Ritter kämpfte er auf verschiedenen Seiten. Seine Rolle im schwäbischen Bauernkrieg, wo er an der Seite der Bauern aus dem Neckartal und dem Odenwald kämpfte, machte ihn jedoch weithin bekannt. 1504 verlor er im Krieg zwischen Rheinpfalz und Bayern seine rechte Hand durch eine Kanonenkugel. Von da an trug er eine kunstvolle Prothese, die ihm den Beinamen „der Ritter mit der Eisernen Hand" einbrachte. Seine letzten Lebensjahre verbrachte er auf Burg Homburg, wo er seine Lebensgeschichte diktierte. Der fränkische Reichsritter starb im Jahr 1562 und wurde im Kloster Schöntal begraben.

Johann Wolfgang von Goethe machte aus der Lebensgeschichte 1773 das Schauspiel „Goetz von Berlichingen mit der eisernen Hand". Darin spielt der Ritter den Helden, der stets mit und für Arme und Entrechtete kämpft, was der Realität nicht ganz entsprach. Berühmt ist der Ausspruch, den Götz (im Stück) dem Anführer der überlegenen kaiserlichen Truppen zuruft: „Vor Ihro Kaiserliche Majestät hab ich, wie immer, schuldigen Respekt. Er aber, sag's ihm, er kann mich im Arsch lecken."

Götzenbrunnen, Jagsthausen

Kloster Schöntal

Es geht in weiterer Folge auf dem Weg nach Berlichingen gleich zweimal über die Jagst. In der Ferne grüßen bereits die Türme des nächsten Höhepunktes auf dem Radweg, und zwar von **Kloster Schöntal** 15.

Nach Besichtigung der imposanten Anlage mit ihrer wunderschönen Barockkirche geht es aus Schöntal hinaus, nach Bieringen und Westernhausen. Auf einer stillgelegten Bahnstrecke setzt sich der Weg fort. Auf dem Weg liegen außerdem Marlach, Altkrautheim und Krautheim. Hier erreicht man den nördlichsten Punkt der Jagst und gleichzeitig des Kocher-Jagst-Radwegs. Nun knickt die Jagst ab und der Radweg in Richtung ihrer Quelle orientiert sich nun weiter nach Süden. Über den alten Ortskern von Klepsau geht es schließlich nach **Dörzbach**. Hier gibt es noch eine Ölmühle, die aus dem Jahr 1709 stammt, restauriert wurde und nach wie vor funktionstüchtig ist. Die Geräte sind teils über 200 Jahre alt. Die ausgefeilte Technik des „Ölschlagens" kann in der mit Wasserkraft betriebenen Mühle im Rahmen von Führungen (nach vorheriger Anmeldung) bestaunt werden. Außerhalb der Mühle befindet sich auch ein kleines Museum. In Schloss Dörzbach, einem ehemaligen Wasserschloss, das sich in Privatbesitz befindet, findet die Schubertiade statt.

15 *Highlight* am Wegesrand

Kloster Schöntal

Das ehemalige Kloster Schöntal, das mit seiner kunstvollen Barockkirche beeindruckt, wurde 1157 gegründet. Über die Zeit entwickelte es sich zu einem mächtigen Klosterareal. Unter Abt Benedikt Knittel erhielt die Klosteranlage ihr bis heute erhaltenes barockes Aussehen. Besonders bemerkenswert sind die barocke Fassade sowie das Treppenhaus im Stil des Rokoko. Aus der Feder Knittels stammen auch Inschriften in Form von Chronogrammen und Gedichten. Außerdem befindet sich im Kreuzgang der neuen Abtei das Grabmal des Götz von Berlichingen. 1802 wurde die Zisterzienserabtei säkularisiert. Heute dient das ehemalige Kloster u. a. als Tagungshaus. Die Abtei und die Klosterkirche können mit Führungen besichtigt werden.

Kloster Schöntal – mittelalterliche und barocke Bauten im „schöne Tal“ der Jagst

Essen, Trinken & Durchatmen

Ein kulinarischer Abzweig

Direkt im Zentrum von Möckmühl befindet sich der empfehlenswerte **Gasthof Zum Bären.** mit eigener Metzgerei. „Urschwäbische" Küche steht hier am Programm, will heißen Saure Nierle, Saure Kutteln, Schwäbischer Rostbraten mit Spätzle, Maultaschen und Leberspätzle. Wenn Gasthof und Metzgerei unter einem Dach sind, spricht das für sich.

Metzgerei und Gasthof zum Bären
Hauptstraße 16
74219 Möckmühl
Tel. +49 6298 1361
www.baeren-moeckmuehl.de

Griechische Speisen inmitten des Jagsttals werden im **Restaurant Olive** in Dörzbach zubereitet. Im Sommer lockt der Biergarten hinter dem Haus. Gyros, Mousaka, Souvlaki, Bifteki, gegrilltes Gemüse oder Kalamari und andere leckere Speisen aus dem Süden stehen auf der Speisekarte. Seit 2020 führt Familie Kakarantzas das Restaurant mit original griechischem Essen.

Restaurant Olive
Hauptstraße 5
74677 Dörzbach
Tel. +49 7937 3229800
restaurant-olive2020.de

Auf und Ab durch die Natur

Panorama der Stadt Crailsheim

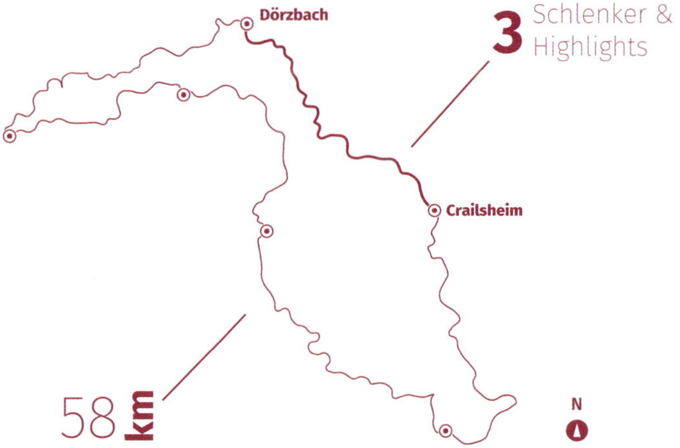

Dörzbach

3 Schlenker & Highlights

Crailsheim

58 km

N

Streckenprofil

243 m ü. NHN

401 m ü. NHN

Dörzbach

Crailsheim

km 0 — 10 — 20 — 30 — 40 — 50 — 58

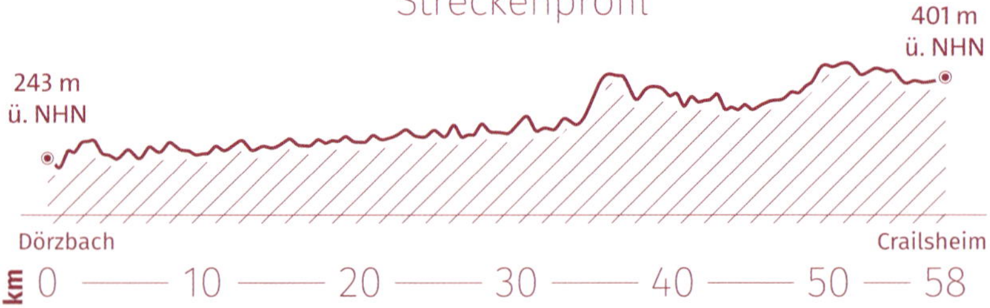

Die nächste Brücke über die Jagst führt nun von Dörzbach weg in Richtung Crailsheim. Dieser Streckenabschnitt wird, nach den vielfältigen kulturellen Erlebnissen der vergangenen Kilometer, von der Natur geprägt.

Der Jagst entlang radelnd, gelangt man in das Naturschutzgebiet St. Wendel zum Stein. Dichter Wald und schroffe Felsen prägen das Landschaftsbild, aus dem sich die Wallfahrtskapelle St. Wendel zum Stein, direkt am Jagstufer, hervorhebt, die 1511 bis 1515 von einem Eremiten unmittelbar an den Tuffsteinfelsen errichtet wurde. Der Legende nach befand sich damals bereits eine Kapelle, aus Dank eines Schäfers, der hier einen Schatz gefunden hatte. In einer Höhle im dahinterliegenden Felsen wurden übrigens vorzeitliche Funde entdeckt.

Im nächsten Ort, Hohebach, wird die Flussseite ausnahmsweise mal nicht gewechselt. Bald liegt linker Hand Ailringen. So wie hier wird das gesamte Mittlere Jagsttal von zahlreichen Seitenarmen und Überflutungsgebieten geprägt. Traumhaft schön, ideal für eine kurze Pause, um das zu genießen. Auch kann man hier bequem baden.

Der Radweg wechselt in weiterer Folge zwischen Talwegen an der Jagst und Hangwegen auf der Hohenloher Ebene. Zitronenfalter, Kohlweißlinge, Pfauenaugen und grünschillernde Libellen flattern über den Weg, der mitunter recht steil wird.

Mulfingen ist der nächste Ort entlang des Weges, allerdings wieder auf der anderen Jagstseite. Direkt am Radweg liegt aber die St.-Anna-Kapelle mit eigener Quelle. Sie galt in altgermanischen Zeiten als Heilquelle, führt heute aber kein Trinkwasser. Der Weg führt durch Heimhausen, Buchenbach und Eberbach. Dann erreicht

Kapelle St. Wendel zum Stein

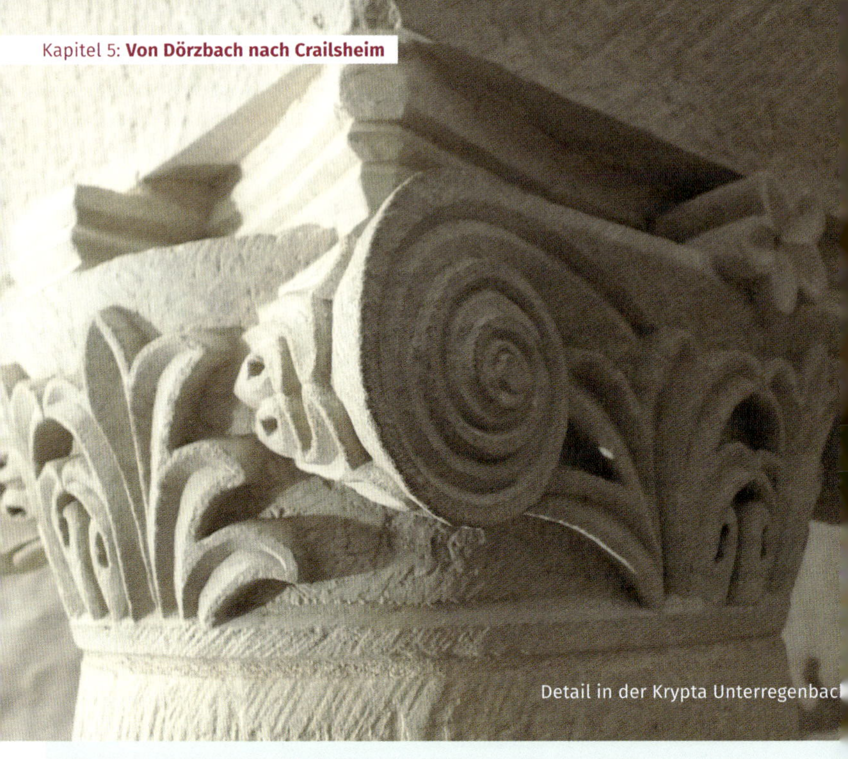

Detail in der Krypta Unterregenbach

Archäologisches Rätsel

in Unterregenbach

Es war ein einmaliger Fund, zeigten sich die Denkmalpfleger begeistert, als im Zuge von archäologischen Ausgrabungen in Unterregenbach eine 1000 Jahre alte Kirchenanlage, Spuren eines Klosters und eines Herrensitzes entdeckt wurden. Das Grabungsmuseum im Alten Schulhaus zeigt archäologische Artefakte, die in 30-jähriger Grabungsarbeit zutage kamen. Herausragend dabei ist die Kunst der Steinmetze, denn nirgendwo sonst in Württemberg wurde so exakt gearbeitet wie hier. Weshalb überhaupt vor rund 1000 Jahren eine solch große Basilika an dieser Stelle errichtet wurde, ist ebenso ein Rätsel. Und dazu noch ein weiterer Sakralbau. Auch, weshalb sich im Zusammenhang

Krypta Unterregenbach

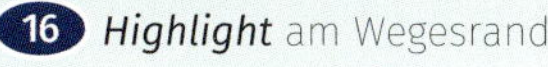
16 *Highlight* am Wegesrand

mit diesen großen Kirchen nicht auch eine größere Stadt entwickelt hat, können Fachleute noch nicht erklären. Wer hat die Anlagen gebaut? Warum sind sie wieder verschwunden? Fragen geben die archäologischen Funde in Unterregenbach viele.

man Unterregenbach. Dort brachten Grabungen erstaunliche Funde zutage, die Forscher heute noch vor ein **Archäologisches Rätsel** 16 stellen.

Mit vielen Antworten und (gleichzeitig) noch mehr Fragen radelt man weiter nach Oberregenbach. Dann geht es wieder über die Brücke. Vor einem liegt Langenburg, oben auf einem Bergsporn das gewaltige **Schloss Langenburg** 17, das man sich nicht entgehen lassen sollte. Hier sind nicht nur das Schloss als Baudenkmal und der barocke Schlossgarten sehenswert, es kann, obwohl noch als Wohnsitz genutzt, auch besichtigt werden. Hier kommen nicht nur historisch

9t

FINDE
Deinen Augenblick
Der Autor deiner Abenteuer bist du. Halte sie in unserem neuen Tourenbuch fest und mach deine Bike-Touren unvergesslich.
©mRGB - stock.adobe.com
KOMPASS
Fahrradlust
FAHRRAD
TOURENBUCH

Die Archenbrücke/Jagstbrücke bei Unterregenbach – Länge 42,5 m

Schloss Langenburg

Schloss- und Deutsches Automuseum

Das schöne Renaissanceschloss Langenburg ist seit 1235 Residenz der Fürsten zu Hohenlohe-Langenburg. 1963 wurde der Ansitz durch ein Feuer beinahe komplett zerstört, später aber wieder aufgebaut. Teile des Schlosses sind öffentlich zugänglich. Das Schlossmuseum gewährt Einblicke in herrschaftliche Wohn- und Lebenskultur früherer Tage. Stilmöbel, Tapisserien, Bilder, Fayencen, Porzellan sowie eine Sammlung von Waffen, Rüstungen und Jagdtrophäen werden hier gezeigt. Berühmt ist der Renaissance-Innenhof. Außerdem können die

Luftaufnahme des Naturschutzgebiets Graswarder

Schlosskapelle, der Bretterne Gang, die Neue Tafelstube sowie Archivstube, Barocksaal, Königseckzimmer, Feodora Bibliothek und Lindenstamm-Zimmer besichtigt werden.

Auf die Idee von Fürst Kraft zu Hohenlohe-Langenburg und dem Motorsportjournalist und Rennfahrer Richard von Frankenberg geht das Deutsche Automuseum Schloss Langenburg zurück, das damals bei seiner Eröffnung 1970 das erste seiner Art in Deutschland war. Hier sind Fahrzeuge unterschiedlicher Epochen; sie erzählen von „Menschen, Autos und Geschichte".

Die Jagst bei Bächlingen mit Schloss Langenburg im Hintergrund

Interessierte auf ihre Kosten. Autofans wird das Deutsche Automuseum begeistern. Außerdem bietet sich von Schloss Langenburg ein schöner Blick auf das Jagsttal.

Es geht weiter nach Bächlingen, wo abermals die Jagst überquert werden muss. In Richtung Leofels wird es dann steil. Dörrmenz und Lensiedel sind die nächsten zwei Ortschaften.

Die „Perle des oberen Jagsttals", **Kirchberg an der Jagst** (18), ist das nächste Zwischenziel. Von hier aus steuert man wieder der Jagst entgegen und quert sie abermals. Mistlau wird durchfahren. Die hiesige **Nikolauskirche Mistlau**, eine kleine Dorfkirche, ist mit Freskenmalereien aus dem frühen 15. Jahrhundert verziert. Dabei waren die schönen Wandmalereien, nachdem das Klösterchen aufgegeben wurde, übertüncht. Jahrhunderte später, 1895, wurden die alten Fresken im Chorraum entdeckt und freigelegt.

Kirchberg

an der Jagst

Die ehemalige Residenzstadt der Fürsten von Hohenlohe-Kirchberg, dessen einstiges Schloss noch das Stadtbild prägt, liegt auf einem Höhenrücken hoch über dem Jagsttal und ist dadurch schon von Weitem sichtbar. Die Evangelische Stadtkirche wurde ursprünglich 1731 erbaut, brannte 1929 jedoch aus. Die ungewöhnliche Art-Deco-Ausgestaltung, die im Zuge des Wiederaufbaus der Kirche einen neuen Schliff versetzte, ist sehenswert. Die Geschichte der Stadt Kirchberg und ihrer Umgebung wird im Sandelschen Museum, im ehemaligen Lateinschulgebäude untergebracht, erzählt.

Kirchberg an der Jagst

Mittelalterliche Badestube im Stadtmuseum Crailsheim

Geigen im Stadtmuseum Crailsheim

ann verläuft der Weg nach Loben-ausen und über Tiefenbach nach **railsheim**. Die größte Stadt an der gst erstreckt sich auf einer Stufen-andbucht beiderseits der Jagst. Die uftwaffe errichtete 1930 einen Mili-ärflugplatz. Dies führte im Zweiten Veltkrieg zu schweren Bombarde-ients, bei denen 95 % der Altstadt erstört wurden. Der Wiederaufbau rfolgte nicht nach historischem Vor-ild, sondern nach den Auffassungen einer modernen Stadt der 1950er-Jahre. Hintergründe zur Geschichte der Stadt erfährt man dafür im Stadtmuseum, in einem der wenigen noch erhaltenen Ensembles, das auch eine Ausstellung zu den Crailsheimer Fayencen, einem Kunsthandwerk aus dem 18. Jahrhundert, und eine Musikinstrumentensammlung des in Crailsheim geborenen Johann Stüber sein eigen nennt, der in Den Haag eine Geigenbauwerkstatt betrieb.

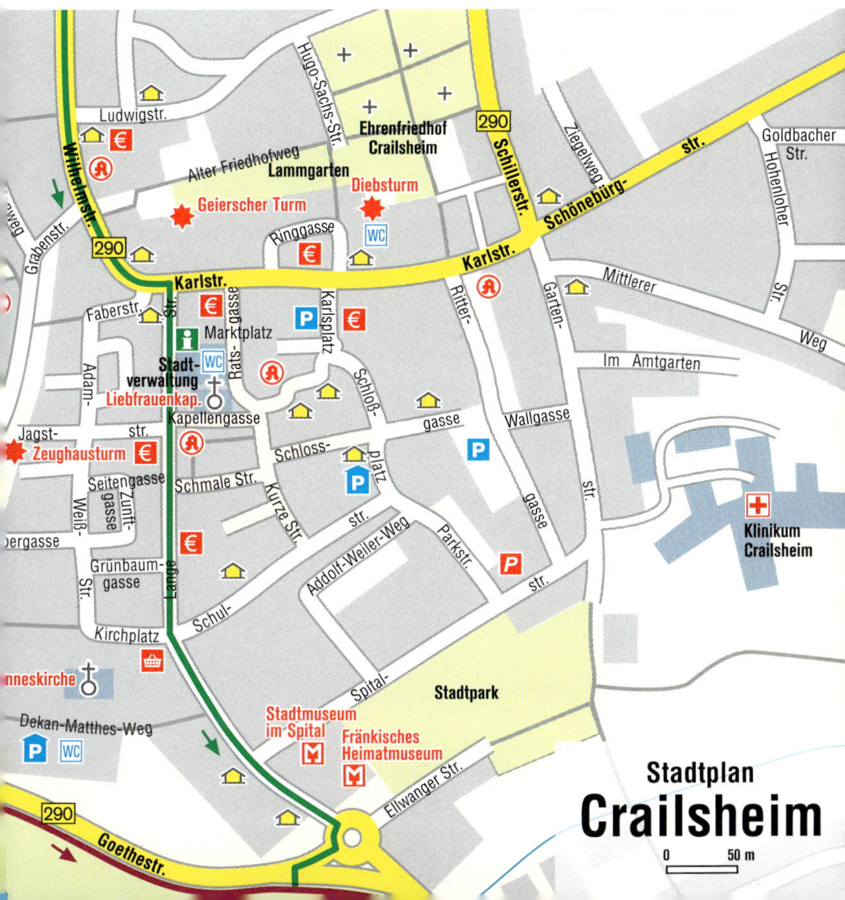

Essen, Trinken & Durchatmen

Ein kulinarischer Abzweig

In Langenburg genießt man von der Sonnenterrasse oder aus dem Wintergarten des **Café Bauer** einen herrlichen Blick über das Jagsttal. Der Familienbetrieb blickt auf eine lange Tradition zurück. Er existiert seit 1763 und ist bekannt für die Wibele – ein feines Dessertgebäck. Ursprünglich trug das Gebäck, das es dem Fürsten zu Hohenlohe-Langenburg besonders angetan hatte, den Namen „Geduldzeltlich" .

Café Bauer,
Hauptstraße 28
74595 Langenburg
Tel. +49 7905 363
wp.echte-wibele.de

In Crailsheim sollte man in der Bäckerei nach den sogenannten Horaffen fragen. Ein leckeres Gebäck mit 500 Jahre alter Tradition, das es tatsächlich nur in Crailsheim gibt. Zum Beispiel in der **LBV Bäckerei und Konditorei**. Ihr zugehörig sind gleich mehrere Filialen, in denen über 30 Brötchensorten, über 20 Brotsorten, Kuchen, Torten, Frühstück, Salate und mehr angeboten werden.

LBV Bäckerei und Konditorei
Haller Straße 42
74564 Crailsheim
Tel. +49 7951 22411
lbv-baeckerei.de

Im Naturschutzgebiet Wallnau

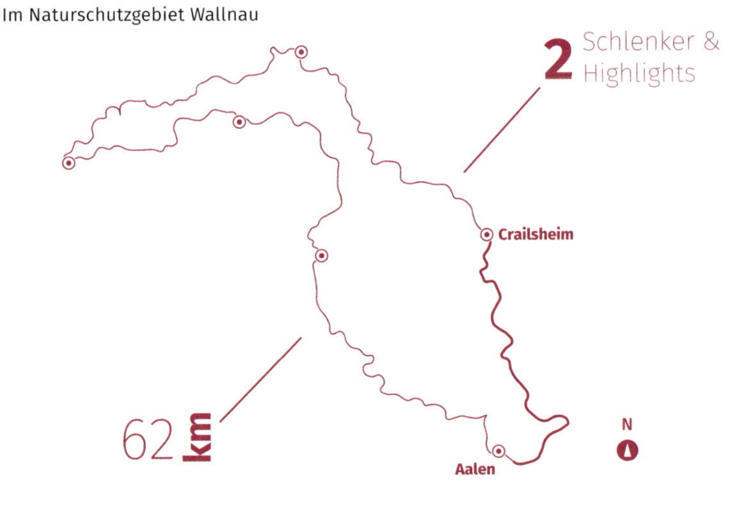

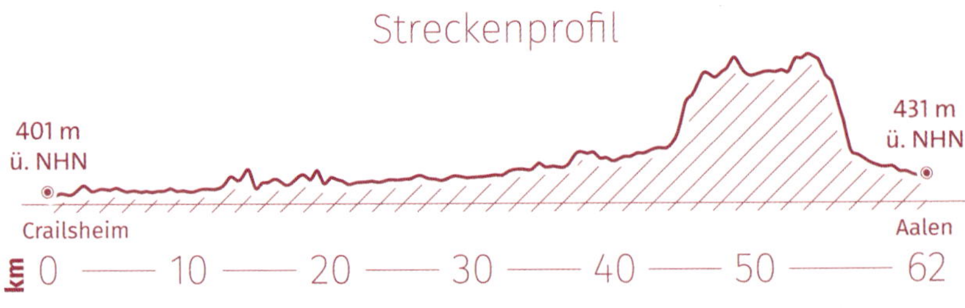

Zurück zum Kocher

Das letzte Kapitel des Kocher-Jagst-Radwegs wird nun aufgeschlagen. Es führt von Crailsheim wieder nach Aalen, das ja bereits bekannt ist. Auf der Strecke gibt es immer wieder Gelegenheiten zu Baden, so etwa im Degenbachsee oder im Bucher Stausee. Das Finale bedeutet auch: Es geht vom Jagsttal wieder in das Kochertal. Die letzten Kilometer haben es dabei in sich, insbesondere bei Lauchheim erwarten den Radfahrer kräftige Steigungen.

Der erste Wegpunkt auf dem Weg von Crailsheim nach Aalen ist Jagstheim, das seit 1972 ein Stadtteil von Crailsheim ist. Dorthin folgt der Radweg einem guten Stück der Bundesstraße. Der nächste Begleiter ist die Bahnstrecke. In Steinbach an der Jagst muss diese zwei Mal gequert werden. Entlang der Bahnlinie führt der Weg weiter, der nun auch wieder mal die Jagst quert, vorbei an Stimpfach, das links des Weges liegt. Einmal den Berg hinauf, dann wieder hinunter und über die Brücke geht es nach Jagstzell. In dem Weiler Schweighausen wird die Bahnlinie überquert – und auch die Jagst. Linker Hand vorbei am Fischbachsee, dann nach Kalkhöfe und über Schönau nach Rindelbach. Der nächste Halt ist **Ellwangen** **19**. Die Stadt ist wohl eine der schönsten der Region. Deshalb sollte man hier jedenfalls eine Pause einlegen, um die Atmosphäre zwischen den prächtigen Kirchen, stolzen Bürgerhäusern, reizenden Gassen, farbenfrohen Giebelhäusern, schmucken Plätzen und stillen Winkeln auszukosten.

Nach dem Abschied von diesem letzten großen Highlight auf dem Kocher-Jagst-Radweg leitet der Radweg nun nach Schrezheim und dann nach Saverwang, wo er die Flussseite wechselt. Das Gebiet rund um Rainau mit den Ortsteilen Buch, Schwabs-

Highlight am Wegesrand 19

Ellwangen

Die Kleinstadtperle

Ellwangen blickt auf 1250 Jahre Geschichte zurück. Über der Stadt thront das **Schloss ob Ellwangen**, dessen ausgedehnte Anlage ursprünglich auf eine mittelalterliche Burg zurückzuführen ist. Im 17. Jahrhundert wurde es zu einem Renaissanceschloss umgestaltet, in der Barockzeit folgte ein abermaliger Umbau. Einst war das Schloss die Residenz der Äbte und Fürstpröpste. Heute beeindruck vor allem der schöne Arkadeninnenhof und das Appartement der Fürstpröpste. Sehenswert ist aber auch das Schlossmuseum, das Sammlungen zur Stadtgeschichte zeigt. Highlights des Museums sind die Puppenstubensammlung, die Barockkrippen und die Schrezheimer Fayencen.

Neben dem Schloss prägen die Wallfahrtskirche Schönenberg und die spätromanische Basilika St. Vitus, die sich auf dem Ellwangener Marktplatz befindet, die schöne Stadtsilhouette – beide Kirchen lohnen auch einen Besuch.

Eine weitere museale Sehenswürdigkeit ist das **Alamannenmuseum Ellwangen**, das in der mittelalterlichen Niko-

lauspflege untergebracht ist. Das Haus widmet sich über fünf Jahrhunderte alemannischer Besiedelung, vom 3. bis 8. Jahrhundert n. Chr., und zeigt archäologische Funde aus Süddeutschland. Eine Besonderheit darunter sind die Grabungsfunde aus Lauchheim, das später noch auf der Route des Radwegs passiert wird. Dort entdeckte man 1986 den größten alemannischen Friedhof Baden-Württembergs sowie eine zugehörige Siedlung mit Herrenhof. Thematische Schwerpunkte des Museums sind das Weben und das Textilhandwerk, das Holzhandwerk, Gold- und Silberschmiedearbeiten sowie die Alamannen als erste Christen Süddeutschlands.

Jedenfalls sollte man durch die Altstadt der Kleinstadtperle Ellwangen schlendern und das Ambiente zwischen den bunten Häusern mit kunstvoll gestalteten Portalen, geschweiften Giebeln und aufragenden Türmen genießen. Besonders schön ist der Besuch an den Markttagen, Mittwoch und Samstag, die ein besonderes Flair ausstrahlen und auf denen man Produkte aus der Region erstehen kann.

Wallfahrtskirche Schönenberg

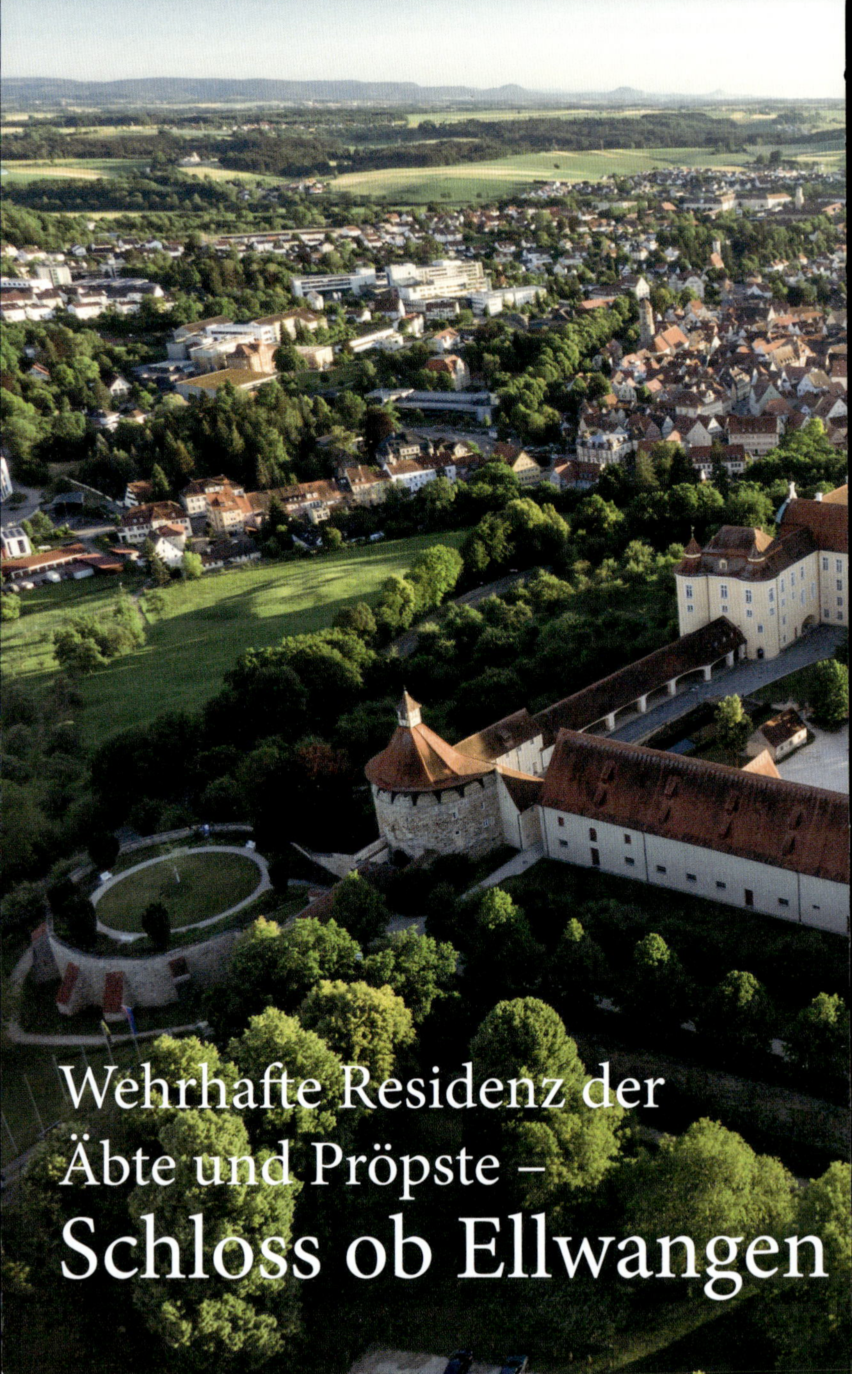
Wehrhafte Residenz der
Äbte und Pröpste –
Schloss ob Ellwangen

Limestor
Dalkingen
in gläsernem Mantel

berg und Dalkingen wird auf sechs Kilometern vom **Obergermanisch-Rätischen Limes** durchzogen, der im Jahr 2005 zum UNESCO-Welterbe ernannt wurde. (In Aalen stieß man das erste Mal schon darauf.) Der deutsche Limes ist zusammen mit der Hadriansmauer und dem Antoniuswall in Großbritannien Teil des transnationalen Welterbes „Grenzen des Römischen Reiches". Das **Limestor bei Dalkingen** ist einmalig auf dem Limes zwischen Rhein und Donau. An dieser Stelle, wo einst ein wichtiger Verkehrsweg nach Norden den Limes überschritt, befand sich ursprünglich ein einfacher Wachturm. Aus diesem wurde später ein Torgebäude, das anlässlich des Besuchs von Kaisers Caracallas in Rätien im Jahr 213 n. Chr. um einen prunkvollen Triumphbogen erweitert wurde. Die gut erhaltenen Reste sind heute mit einem modernen Glaskubus ummantelt, der die archäologische Stätte vor Witterungseinflüssen schützen soll. Außerdem wurden an dieser Stelle im Zuge von Ausgrabungen Reste einer bronzenen Kaiserstatue entdeckt. Diese sind allerdings nicht mehr vor Ort, sondern im Limesmusem in Aalen ausgestellt. Wenig weiter, nach Schwabsberg, geht es vor dem Bucher Stausee links. Auch hier (rechts!) können noch Reste der Mauern von einem Römerbad und einer Zivilsiedlung betrachtet werden. Schautafeln liefern Informationen.

Auf dem ruhigen Radweg geht es dann aber wieder am Bucher Stausee entlang bis nach Jagsthausen. Der Weg leitet unter der Autobahn hindurch nach Westhausen weiter und über Westerhofen und Banzenmühle nach **Lauchheim**, das seit Jahrhunderten unter dem Schutz von **Schloss Kapfenburg** **20** steht.

Auf zum Endspurt. Das heißt: Über Simmisweiler, Brastelburg und Unterkochen wieder zurück nach Aalen. Ja, es ist eine Art Déjà-vu-Erlebnis. Nach 331 km ist man nun also wieder in Aalen. Der Kocher-Jagst-Radweg hat sich als sympathischer Geheimtipp unter den Flussradwegen präsentiert, die Herzlichkeit der Einheimischen, urige Dörfer, unberührte Natur und ganz viele Flusserlebnisse haben uns begleitet. Man ist nun reicher und beendet mit Wissenswertem im Gepäck und schönen Erinnerungen diese Tour. Wohin führt wohl die nächste Radreise?

Schloss Kapfenburg

130 m über Lauchheim liegt Schloss Kapfenburg, dessen Name sich von „Kapfen" („gaffen", „ins Land schauen") ableitet. Die Grafen von Oettingen und ihre Lehnsherren übernahmen von den Staufern das Schloss, wie auch die Ländereien rund um die Burg. 1364 erwarb das Deutschordenshaus Mergentheim das Schloss. 1806 wurde der Orden durch Napoleon aufgehoben. Seither ist Schloss Kapfenburg im Besitz des Landes. Verschiedenste Baustile sind auch heute noch sichtbar.

Seit 1999 dient das Schloss als Sitz der Internationalen Musikschulakademie Kulturzentrum Schloss Kapfenburg. Sie ist so zu einem Zentrum für musikalisches Schaffen geworden. Außerdem beherbergt das Schloss noch immer eine Schnapsbrennerei.

Im Rahmen von öffentlichen Führungen kann man sich unter fachkundiger Leitung auf die historischen Spuren in Schloss Kapfenburg begeben. Die Außenanlagen sind frei zugänglich.

Schloss Kapfenburg

Schloss Kapfenburg

Essen, Trinken & Durchatmen

Ein kulinarischer Abzweig

Im Zentrum von Ellwangen liegt der gemütliche und traditionsreiche Brauereigasthof **Roter Ochsen.** Der Durst kann hier mit einem fassfrischen Rotochsenbier gestillt werden. Schwäbisch-regionale Speisen geben neue Kräfte für die Weiterfahrt. Urig sind die Räumlichkeiten mit der Bauernstube, einer roten und einer grünen Stube und dem weißen Zimmer. Frohsinn und gute Laune sind hier angesagt.

Roter Ochsen
Schmiedstraße 16
73479 Ellwangen
Tel. +49 7961 9697170
www.roter-ochsen-ellwangen.de

Mit seiner Terrasse direkt am Bucher Stausee lädt der **Kiosk Leuchtturm** dazu ein, die Beine beim Mittagessen oder beim Nachmittagskaffee etwas auszurasten. Burger, Spätzle oder Omelette oder aber Kuchen und Torten, dazu der Blick auf den See. Und wer die Beine anderweitig bewegen mag, kann sich am Bucher Stausee Tretboote mieten und eine Runde über das Wasser schippern.

Kiosk Leuchtturm
73492 Rainau-Buch
www.kiosk-leuchtturm.com

Der Kocher-Jagst-Radweg

⊙ Sinsheim

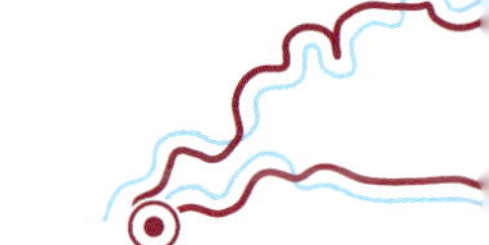

Bad Friedrichshall

⊙ Heilbronn

Teil 2 Roadbook

⊙ Stuttgart

Dörzbach
Rothenburg
ob der Tauber
Forchten-
berg
Jagst
Crailsheim
Kocher
Aalen
Schwäbisch
Gmünd
N

Start

❶ **Start** am *Marktplatz* → nach Norden → links auf *Stadelgasse* → *Westlicher Stadtgraben* überqueren → Kocher überqueren → rechts auf Radweg dem Kocher entlang → weiter auf Radweg entlang *Turnstraße* →

❷ an der Kirche weiter auf Radweg zwischen *Friedrichstraße* und Kocher → am Kreisverkehr gerade → rechts der Straße auf Radweg

Schlenker zum Besucherbergwerk Tiefer Stollen

① rechts auf *Stiewingstraße* → über den Kocher → links auf *Wilhelmstraße* → gleich wieder rechts auf *Auguste-Keßler-Straße* → Bahngleise queren → rechts auf *Erzweg* zum

② **Besucherbergwerk Tiefer Stollen**
retour auf demselben Weg

❸ am ersten Kreisverkehr die erste rechts → am zweiten Kreisverkehr geradeaus → am dritten Kreisverkehr links ins Zentrum von **Wasseralfingen** → beim Sportplatz am Kreisverkehr nochmals links→ gleich rechts in *Hüttinger Straße* → hinter Siedlung links auf Radweg entlang der Hauptstraße →

AALEN
START / ZIEL
NESSLAU
Rohrwang
UNTER-ROMBACH
Waldfriedhof
Sternwarte
465
Urwelt-museum
Limes-museum
Rötenberg
485
Hirschhof
Hirschbach
Weiße Steige
Grünenberg
733
Bollenloch
Bernlohe
635
Himmlingen
Baierstein
Nörd-linger-Hau
Busch-horn
696
SIMMIS-WEILER
Taufbach
428
481
Birkhof
Pfaumbach
19
715
Gräbleshau
Gräbleshülbe
Emmah
BRASTELBURG
ehem. Ettenberg
614
Geiselwang
Neuziegelhütte
Heulen-berg
Bollenloch
Kocher
Röte
Neukochen
Gückels
Viadukt
629
Kanzelfels
Weißer Kocher-Ursprung
Pulvermühle
Ursprungs-fels
Abschn. Wälle
Höhenberg
675
Wasser-turm
Buck
Läuterhäusle
Ruine Kochenburg
St. Maria
Hohler Stein
Wallenteich
Brunnen-hütte
Teich
Mantelhof
Limes-Thermen
Osterbucher Steige
681
Aalbäumle
Fridahütte
Zeppelinhütte
Schlacht
UNTERKOCHEN
642
Glashütte
Kuckuckshütte
Osterbuchhütte
Schönteich
621
Kuckuckstein
681
Lämmerbusch
Fuchsteich-hütte
Gunderstal
Langerstein
Wolfert
Zigeuner-hütte
658
520
540

❹ Bundesstraße unterqueren → links → gleich rechts → der *Kocherstraße* entlang → links der Straße entlang →

❺ **Hüttlingen** → vor der Kocherbrücke links auf *Lindenstraße* → dem Kocher entlang → in **Waiblingen** rechts halten →

❻ Kocher überqueren → links → abermals Kocher überqueren →

❼ **Abtsgmünd** → links auf Hauptstraße → Brücke über Kocher → vor B19 links → Radweg parallel zur Bundesstraße → **Wöllstein** → links über Kocher → bei Kreuzung leicht rechts → am Ortsende rechts → abermals rechts nach **Fischhaus** →

❽ rechts Brücke über den Kocher → wieder der Bundesstraße entlang → **Algishofen** →

❾ **Untergröningen** → Kocher überqueren →

Büchelberger Grat
Kocherhof
405
Hau
Schlierbach
429
Reichertshofen
Kocher
Barnhardshof
Fischhaus
Butzenberg
Köhrhof
Sandhof
Frauenhof
504
Eiderhalden
Steinreute
Spatzenbach
Vorderbüchelberg
452
Koten
Gesägter Stein
Wöllstein
Rötfeld
19
Schlosshöfe
Wöllsteiner
490
Kellerhaus
Neubronn
Osterhalde
Roßnagel
Berrothsbrunnen
Ursprung d. Bühler
420
Fischbach
Öl-u. Sägmühle
Wilflingen
Steinernes Fürtle
NSG
Geigersberg
Schäufele
Blinde Rot
Schwede
422
Holz
Ausägmühle
ehem. Bläsihof
Leinroden
378
Lein
Lustenau
Haag
Turmhügel
Au
Altschmiede
Buchhalde
496
Hornberg
Neuschmiede
Hefte
Krummbach
Zanken
451
Bronnen
Binderhof
520
Brenntenberg
519
498
Wasen
Unterer Kohlwasen
ehem. Haselhof
Hasel
Zanken
Ziegenbach
Ziegenhölzle
434
Obersiegenbühl
Unter
Oberer Kohlwasen
507
ehem. Schilermühle
ehem. Schilerhof
Schlierbach
Ebnat
Kehlenbach
Rotschafhaus
Stanzenbach
Pulverm.
Fuchshäusle
Kocher
Scherrenmühle
Abtsgmünd
Bürgle
397
Sandfeld
RODAMSDÖRFLE
Hangendenbuch
Oberer Hangendenbuch
Mühlhäusle
Burgstall
462
Schloss Fachsenfeld
FACHSENFELD
Steinfurt
Frankeneich
Waiblingen
Bodenbach
Schloßreute
Himmlingsweiler
8
20
15
7
6
10

Hägenau
50
Vogelherd
Appenbrunnen
Großaltdorf
Motorsportgelände
Kleinaltdorf
399
Steigenhaus
Ebersberg
486
14
Rudolfsmühle
Gaildorf-West
Druckele
467
Erlenbach
Kirchberg
GAILDORF
328
Stadt-
museum
471
Lehberg
Michelbächle
Münster
13
Münstermühle
Kernerturm
459
Stummelberg
Kleehaus
45
Kirgel
400
Mittelrot
334
Idyllische Straße
Ölmühle
Reutehaus
UNTERROT
Rot
Reutfeld
ehem. Burg
Rötenberg
Röterturm
Turmberg
Eichelbach
Chausseehaus
Sumpfhalde
298
Salzleckenweg
Schönberg
Reippersberg
Kocher
Bröckinger Bach
Kieselberg
468
Schöner
Wappenstein
490
Bröckingen
Dürrenberg
40
12
19
Eisbach
Krämersreute
492
Reute
Raitelsberg
Heiligenwald
Kohlenstraße
500
Aigeltinger
Linde
Försterbrunnen
Fischweiher
Trübe Klinge
Brünststraße
Brünsthütte
486
Obersontheimer Brünst
Eisbachtal
Kieselberg
Wannenbrunnen
Brünst
Irsbach
Walk-
mühle
444
Eichelberg
462
506
521
Weile

→weiter auf Radweg entlang der Bundesstraße → links Richtung **Waldmannshofen** → auf Radweg dem Kocher entlang →

⑩**Wengen** → rechts über den Kocher → Gleise überqueren → links auf Radweg → nochmals links über Gleise → **Laufen am Kocher** → entlang der stillgelegten Bahngleise →

⑪links über den Kocher → dem Fluss folgend nach **Sulzbach** → dort Kocher queren → an Bundesstraße links auf Radweg → links auf Bahnhofstraße →

⑫links über den Kocher → gleich rechts → an Kreuzung links → gleich wieder rechts → an nächster Weggabelung rechts über Kocher → B19 überqueren → links auf Radweg Richtung **Gaildorf** → davor Kocher queren →

⑬links und gleich rechts → vorbei am Sportplatz → rechts über Kocher → links → links auf *Friedhofstraße* → *Brückenstraße* → abermals über Kocher → dahinter *Gaildorfer Straße* queren und auf *Bahnstraße* weiter →

⑭Bahngleise queren → rechts auf Radweg, später Straße weiter → **Hägenau** →

15 hinter **Hägenau** links → **Spöck** → *Bühlstraße* → rechts auf *Lange Straße* → gleich links → an Weggabelung abermals links → an der nächsten aber rechts → abwärts zum Kocher → dem Fluss entlang nach

16 **Westheim** → rechts auf *Biberstraße* → *Marktplatz* → rechts auf *Hinterdorfstraße* → weiter am Radweg dem Kocher entlang → im Linksbogen wieder nach **Westheim** hinein → rechts → vorbei an Kirche → auf *Haller Straße* → rechts auf *Blumenhofstraße* → links → rechts und gleich links nach **Uttenhofen** → auf *Ostring* → rechts der Bundesstraße →

17 Abzweigung rechts nach **Tullau** → Tuller Viadukt (Eisenbahn) unterqueren → dem Stausee entlang → **Steinbach** →

18 links über Kocherbrücke → links Straße *An der Limpurgerbrücker* unterqueren → Stadtpark *Ackeranlagen* → links über Brücke auf Insel → links Roter Steg → rechts *Mauerstraße* → Henkersbrücke → Zentrum von

19 **Schwäbisch Hall / Ziel**

Fachwerk in Schwäbisch Hall

Schlenker nach Vellberg

❶ vor dem Zentrum von **Schwäbisch Hall** bei **Steinbach** bereits Kocher überqueren → gerade auf *Mühlweg* → rechts auf *Neustetter Straße* → scharf links auf Im Stöckle → rechtshaltend auf *Großcomburger Weg* → im Kreisverkehr links auf *Alte Hessentaler Straße* → gerade weiter auf *Hirtengasse* durch **Hessental** → *Haller Straße* →

❷ vor der Kirche links auf *Schmiedsgasse* → scharf links → auf Radweg → Bundesstraße queren → rechts an *Geschwister-Scholl-Straße* → Kreisverkehr geradeaus → *Alfred-Leikam-Straße* → rechts auf *Eugen-Bolz-Straße* → im Kreisverkehr rechts → dann links → Straße queren → weiter auf Radweg → teils zu Gleisen parallel → auf *Hallweg* nach

❸ **Sulzdorf** → vor der Grundschule rechts auf *Eichelgasse* → abermals rechts → nach der Kirche links → gleich rechts auf *Dammstraße* → links auf *Jahnstraße* → rechts Zuggleise überqueren → dahinter links → in zwei großen Kehren nach *Dörrenzimmern* → dort links → gleich rechts → abermals rechts → links auf *Haller Straße* → links *Am Zwinger* nach

❹ **Vellberg**

retour auf demselben Weg

Adolf-Würth-Airport
303
Matheshörlebach
Jagstrot
Neunbronn
ehem. Burg Hohenstatt
Hohenstadt
ehem. Burg Hohenstein
367
Kerleweck
394
Rot
Au
ehem. Burg
Äulesberg
Heimat
SULZDORF
Heg
360
Anhausen
Hasenbühl
Wanderheim
Kirchberg
Rappolden
ehem. Burg
Flur
Fischweiher
Deponie
Hasenbühl
406
KZ-Gedenkstätte
HESSENTAL
Teufelskanzel
512
386
Burgbretzingen
Schwarzenlache
349
Zimmeräcker
Buch
Ruine Lützelburg
TALHEIM
359
Einkorn
503
Rauher Berg
508
Natur- u. Heimatmus.
Einkorn
Sauklingensträßle
Altes Speck
Neuberg
Hehlberg
503
Heidelberg
Dörrenzimmern
394
Stöckenburg
369
Fischweiher
385
Rauhenbretzingen
Alte
Fischach
453
Rossnagelstraße
Fischach
Steinbach
437
VELLBERG
Hart
ESCHENAU
NSG
Hagenhof
Berg
473
454
410
Ummenhofen
Michelbach a.d. Bilz
Hörle
Brühlbach
Zangholz
Bühler

Start

Schlenker zum Freilandmuseum Wackershofen

❶ **Schwäbisch Hall** → von der Henkersbrücke links zur Bundesstraße → diese unterqueren → **Gottwollshausen** → rechts zur Abzweigung nach **Sülz** → rechts über Bahnbrücke → dahinter links auf Radweg zum

❷ **Freilandmuseum Wackershofen** → retour auf dem Radweg → vor der Bahnbrücke aber links → über **Sülz** nach **Obermückheim** → an Hauptstraße rechts → links über Brücke zur Hauptroute (3)

❶ **Schwäbisch Hall** → von der Henkersbrücke links dem Kocher entlang → Bundesstraße unterqueren → rechts weiter auf *Neumäurerstraße* →

❷ am Linksschwenk der *Neumäurerstraße* auf Höhe Feuerwehrmuseum geradeaus auf Radweg weiter → weiter nach **Gelbingen** → großer Links-Rechts-Bogen → Kocher überqueren → links der Bundesstraße weiter →

❸ bei **Untermünkheim** Bundesstraße unterqueren → geradeaus → dann links → Kocher queren → kurz links des Kochers → dann wieder über den Fluss → rechtsseitig weiter →

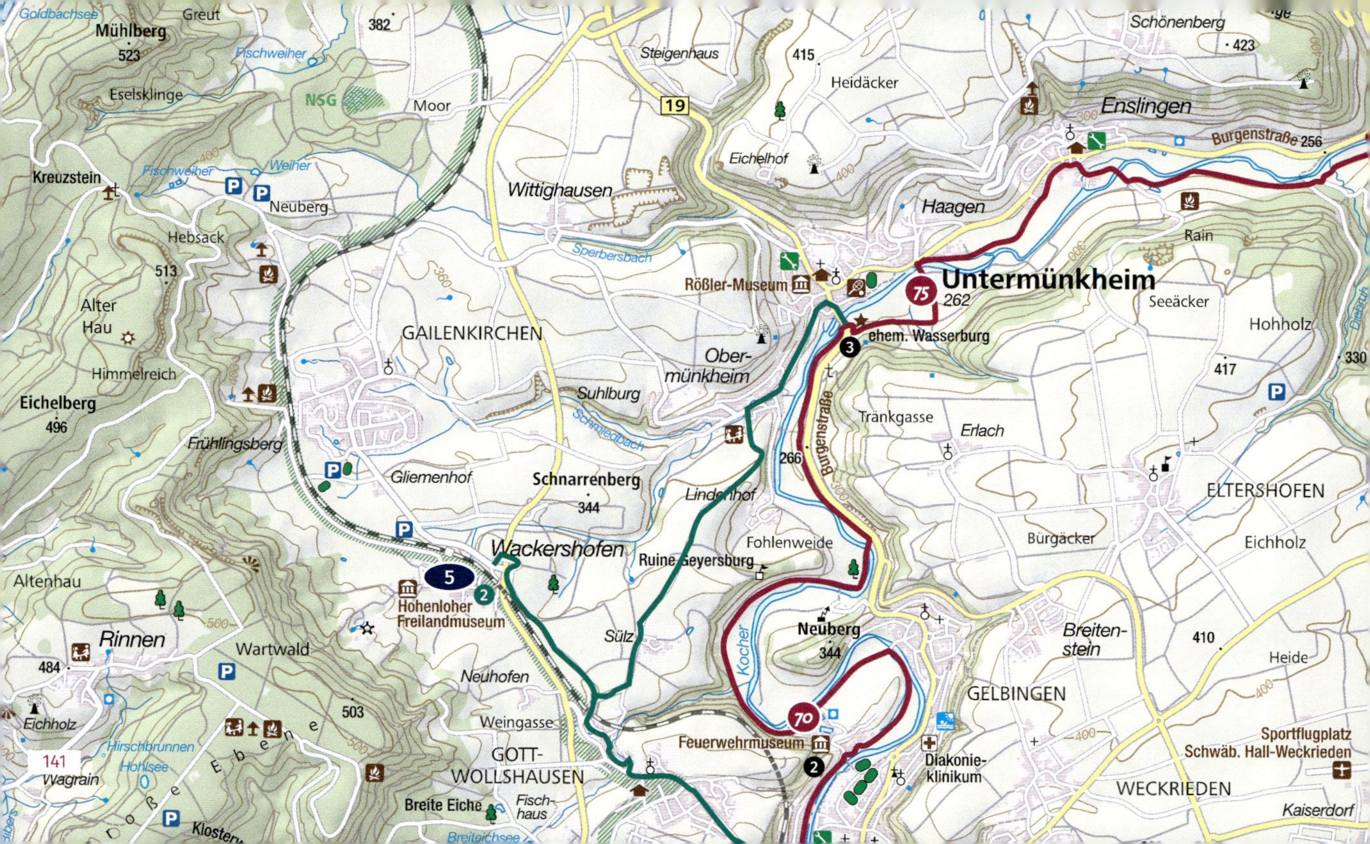

Goldbachsee
Greut
Mühlberg
523
382
Fischweiher
Eselsklinge
NSG
Moor
Steigenhaus
19
415
Heidäcker
Schönenberg
423
Enslingen
Burgenstraße 256
Kreuzstein
Fischweiher
Weiher
Neuberg
Wittighausen
Eichelhof
Haagen
Rain
Hebsack
513
Sperbersbach
Rößler-Museum
Untermünkheim
75
262
Seeäcker
Hohholz
Alter Hau
GAILENKIRCHEN
Ober-münkheim
3
ehem. Wasserburg
417
330
Himmelreich
Suhlburg
Schmiedbach
Eichelberg
496
Frühlingsberg
Tränkgasse
Erlach
266
Burgenstraße
Gliemenhof
Schnarrenberg
344
Lindenhof
ELTERSHOFEN
Bürgäcker
Eichholz
Wackershofen
Ruine Geyersburg
Fohlenweide
Altenhau
5
2
Hohenloher Freilandmuseum
Rinnen
Wartwald
Sülz
Kocher
Neuberg
344
Breiten-stein
410
Heide
484
Neuhofen
GELBINGEN
503
70
Eichholz
Weingasse
Feuerwehrmuseum
Sportflugplatz
Schwäb. Hall-Weckrieden
Hirschbrunnen
Hohlsee
Wagrain
GOTT-WOLLSHAUSEN
2
Diakonie-klinikum
WECKRIEDEN
Kaiserdorf
Breite Eiche
Fischhaus
Breiteichsee

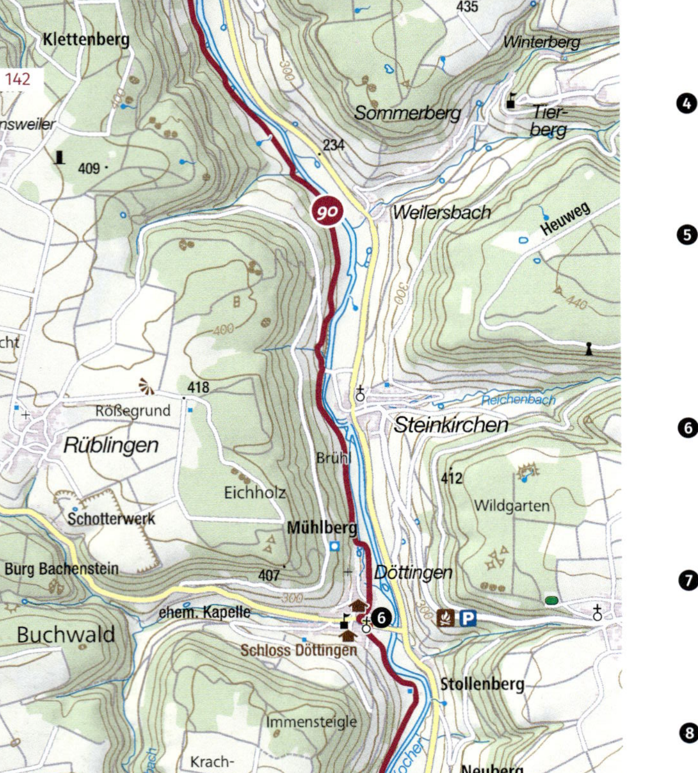

❹ vor **Geislingen** links über Kocher → vorbei am Ortszentrum am rechten Ufer → mit *Langenburger Straße* rechts den Kocher überqueren → der Straße entlang →

❺ Kochertalbrücke unterqueren → am Grimmbach dem Radweg auf der anderen Straßenseite weiter folgen → **Braunsbach** → ein Stück auf der *Geislinger Straße* → hinter dem Friedhof links → Kocherbrücke überqueren → dahinter rechts weiter nach

❻ **Döttingen** → rechts auf *Buchsteige* → links auf *Braunsbacher Straße* → gleich wieder rechts auf *Hirtengasse* → mit *Weidenweg* am Radweg geradeaus weiter → vorbei an **Steinkirchen** (rechts des Kochers) →

❼ vorbei an **Kocherstetten** (rechts des Kochers) → Kocher am Wehr überqueren → vorbei an Sportplatz und Buchenmühle → **Morsbach** durchqueren → *Brühlsteige* → weiter auf *Wiesweg* →

❽ **Künzelsau** → links auf *Frankenweg* → am Kocher rechts → dann Kocher links überqueren → hinter Brücke rechts weiter → Zentrum von Künzelsau (linker Hand) → Kocherbrücke unterqueren → rechts über Kocherbrücke

Blick über Kunzelsau

144
Muschel-Kalk
Ruine Lichteneck
INGELFINGEN
218
Hotel Restaurant Haus Nicklass
Ruine Alte Zarge
Kocher
BELSENBERG
Deuberg
407
Alter Hof
Eicheläcker
Siegelhof
Deubach
315
404
Neubruch
NAGELSBERG
Pfannenbr.
Buchs
GARNBERG
Götzenbr.
Teufelsklinge
Dörnich
STEINBACH
425
Straße
OHRENBACH
ehem. Holderbach
Büttelbronn
Spellbach
Berndshausen
Immenloch
AMRICHSHAUSEN
Pfaffenholz
Brand
411
Kügelhof
426
Zollhaus
Kocherstein
Scheurachshof
Lipfersberg
402
Schönbrunnen
100
6
8
KÜNZELSAU
Mustang Mus.
Stadtmus.
Wartberg
373
Taläcker
Künzelsauer Bergbahn
412
Rehbockrain
Schanze
Galgenberg
Mönchschlag
Gaisbacher Rank
Schippberg
Sonthalde
Künzenbach
Hofratsmühle
ehem. Heidenschlössle
382
280
Kelter
MORSBACH
Straße
389
Rainlesberg
95
Buchenmühle
Kocher
KOCHERSTETTEN
7
Schloss Stetten
Erlesbach
Breitenberg
Sauloch
408
Klettenberg
Wasserturm
389
GAISBACH
Museum Würth
Künsbach
Höfle
Tor
Kemmeten

Griechisch-orthodoxe Kirche, Künzelsau

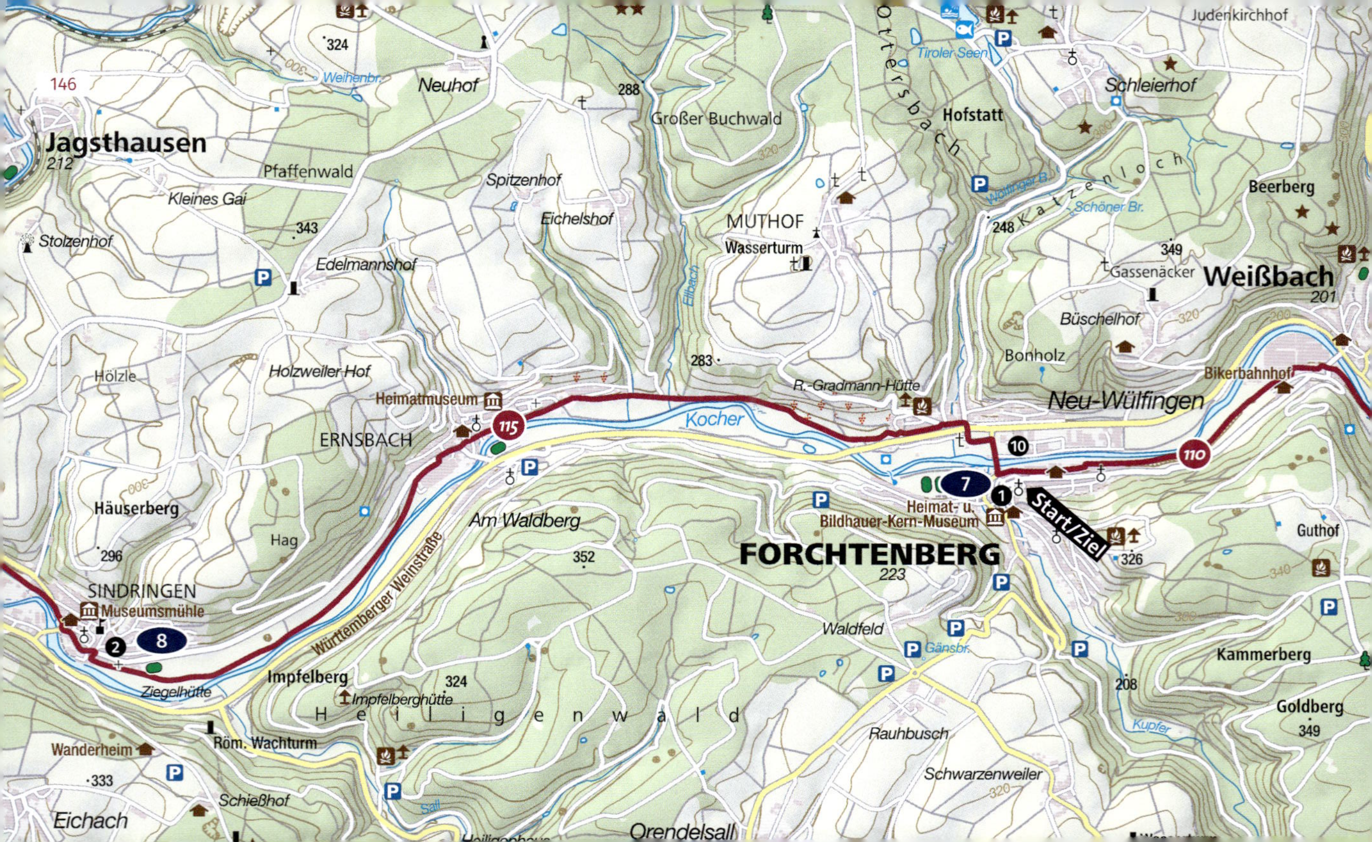

146
Jagsthausen
212
Pfaffenwald
Kleines Gai
343
Stolzenhof
Edelmannshof
324
Weihenbr.
Neuhof
288
Großer Buchwald
Spitzenhof
Eichelshof
MUTHOF
Wasserturm
Ellbach
Ottersbach
Tiroler Seen
Hofstatt
Schleierhof
Judenkirchhof
Wülfinger B.
Katzenloch
Schöner Br.
248
349
Gassenäcker
Beerberg
Weißbach
201
Büschelhof
Bonholz
Bikerbahnhof
Neu-Wülfingen
110
283
R.-Gradmann-Hütte
Hölzle
Holzweiler Hof
Heimatmuseum
115
ERNSBACH
Kocher
10
7
1
Start/Ziel
Heimat- u.
Bildhauer-Kern-Museum
Häuserberg
Hag
296
Am Waldberg
352
FORCHTENBERG
223
326
Guthof
SINDRINGEN
Museumsmühle
8
2
Württemberger Weinstraße
Ziegelhütte
Impfelberg
Impfelberghütte
324
Heiligenwald
Waldfeld
Gänsbr.
Kammerberg
208
Goldberg
349
Kupfer
Rauhbusch
Schwarzenweiler
Wanderheim
Röm. Wachturm
333
Schießhof
Eichach
Sall
Orendelsall

Kapitel 2: **Von Schwäbisch Hall nach Forchtenberg**

→ links → dem Fluss entlang → nach **Ingelfingen** → dort links über den Kocher → rechts auf *Josef-Rilling-Straße* → *Keltenstraße* → an Kläranlage rechts und gleich links → weiter auf Radweg dem Kocher entlang →

❾ vorbei am Solebad Niedernhall → auf *Brückenwiesenweg* entlang der Stadtmauer nach **Niedernhall** → weiter über *Turmgasse* und *Warrwiesenweg* → auf Radweg dem Kocher entlang → vorbei an **Weißbach** → bis nach

❿ Forchtenberg / Ziel

Kapitel 3: **Von Forchtenberg nach Bad Friedrichshall**

Start

❶ Forchtenberg → rechts über Kocherbrücke → dahinter links → rechts → links kurz auf *Wülfinger Straße* → gleich links auf *In den Schwarzäckern* → am Rechtsbogen links → weiter auf Radweg (rechts liegen Weinberge) → in **Ernsbach** auf *Mühlgasse* → weiter auf *Sindringer Straße* → *Carl-Arnold-Straße* → links zum Radweg nach

❷ **Sindringen** → rechts auf *Am Kaibach* → gleich links in *Untere Straße* → am Ortszentrum vorbei → rechts auf *Jagsthäuser Straße* → links über *Kanalweg* zum Radweg

→ dem Kocher entlang in großem Linksbogen folgen →

❸ in **Ohrnberg** auf *Seehäldenweg* → links über Kocherbrücke → dahinter rechts und abermals rechts auf *Hertlingweg* → auf Radweg im Linksbogen → über alte Bahnbrücke nach **Möglingen** → Kocherstraße überqueren → weiter auf Radweg rechts des Kochers →

❹ in **Kochersteinsfeld** *Öhringer Straße* überqueren → an der *Neuenstädter Straße* links → gleich rechts → parallel zum Fluss → vorbei an **Hardthausen** nach

❺ **Gochsen** → auf Hauptstraße rechts und gleich links auf *Bürger Straße* → links auf *Untere Au* → weiter auf Radweg → Autobahnbrücke unterqueren → über alte Eisenbahnbrücke Fluss queren →

❻ **Neuenstadt** → am Kreisverkehr links in *Lindenstraße* → Altstadt → rechts auf Hauptstraße → vor Brettachbrücke rechts → *Kochendorfer Straße* unterqueren → über Kocherbrücke → auf *Graf-von-Düren-Straße* nach **Kochertürn** → dort links auf *Fahrgasse* → gleich rechts *Mühlgärten* am Sportplatz vorbei → links auf *Bahnhofstraße* → Kocher überqueren → nach rechts weiter auf Radweg

STEIN am Kocher
Schloss Presteneck
Himmelreich
Hösselinshof
Ofen
Augstbrunnen
256
Schwäbische Dichterstr.
Hegteil
Juden-schlag
Lampoldshausen
261
Schweizerhof
Schind-wasen
Lerchen-bühl
263
Hirschberg
Steinbach
Buchsbach
200
Gänskirchhof
Schelmenrain
Hardthausen am Kocher
Sauquelle
Lange Furche
Bachbrunnen
Kochersteinsfeld
Mostbrunnen
Horsch-feld
KOCHERTÜRN
BÜRG
Roßbach
Buchsmühle
Gochsen
Römische Gebäude
182
Kocher
169
4
130
5
135
6
Ried
Jägerstüble
Rohrhöhe
8 Neuenstadt a. Kocher
Haaghof
NEUENSTADT am Kocher
182
9
Museum im Schafstall
Waghäusle
Bildstock
Ruine Helm-bunder Kirchle
Riedbach
Brettach
Flürle
Goldbrunnen
Brambacher Hof
215
Seewiesen
Limbach
Renntal
Hohenstein
Brettach
Heimbr.
Aussiedler-hof
Sträßles-äcker
Föhrenberg
Seligenau
Langenbrettach
227
Föhrenhof
214
Meistersberg
Langenbeutingen
E41
Dahenbach
Sandgraben
Dahenfelder
Höhe
CLEVERSULZBACH
Oberwettlingen

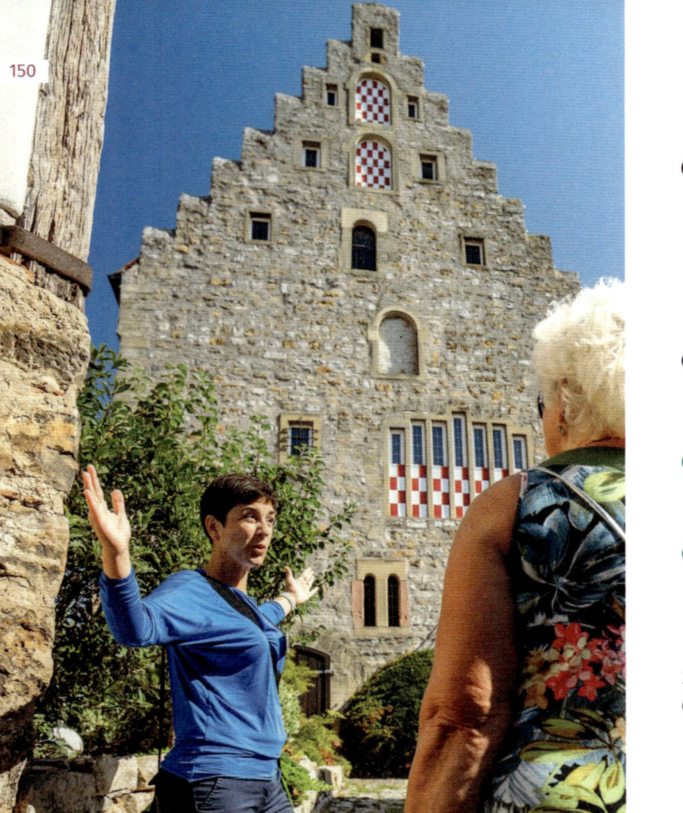

→auf Radweg in großem Linksbogen nach

❼ **Oedheim** → *Heuchlinger Straße* überqueren → weiter auf *Säukiesweg* → auf Radweg weiter → Kocher überqueren → an Straße links und gleich rechts → *Kocherwaldstraße* queren → Unterführung → rechts entlang *Jagstfelder Straße* → links Gleise queren → Zentrum von

❽ **Bad Friedrichshall / Ziel**

Schlenker nach Bad Wimpfen

① **Bad Friedrichshall** → über *Poststraße* zum Neckar → über Bahnbrücke Neckar queren → rechts dem Ufer folgen nach

② **Bad Wimpfen** →
retour auf demselben Weg

Start

❶ **Bad Friedrichshall** → von *Poststraße* rechts auf *Deutschordenstraße* → *Offenauer Straße* → weiter über *Friedhofstraße* → vorbei an **Jagstfeld** → rechts → gleich links → den Bahngleisen entlang nach

Ober-
griesheimer-
Berg
Dt. Ferienroute Alpen-Ostsee
Longraben
241
OBER-
GRIESHEIM
Kirchen-
wald
Hohe Straße
251
Lobenbacherhof
UNTERGRIESHEIM
Alte Warte
237
Grollenhof
Buchhof
STEIN am Kocher
236
196
Falkenstein
216
175
DUTTENBERG
Schloss
Heuchlingen
Heuchlingen
Willenbach
Rot
Horsch-
feld
Jagst
Plattenwald
178
Offenau
148
St.-Anna-
Kapelle
Römischer
Gutshof
Freizeit-
zentrum
Hirschfeld
Degmarn
Hofäcker
Heuchlinger
Spitz
JAGSTFELD
Hagen-
bach
Hirschfeld
Landeplatz
Oedheim
Oedheim
166
174
Kocher
Römischer
Gutshof
Rainbow
Garden
Kapellenäcker
Wehräcker
146
Schöne
Aussicht
Start/Ziel
Hbf
Saline
Friedrichs-
hall
Galgenberg
208
Bad
Friedrichshall
178
Hirschbach
Loh
Saline Ludwigshall
WIMPFEN IM TAL
Waldau
Schloss
H a r t
Aspenloch
140
145
150
151
155
10
11

MÖCKMÜHL
179
WIDDERN
185
RUCHSEN
ZÜTTLINGEN
Hundsäcker
Gucken
323
Dippberg
299
NSG
Bannholz
Siegelbach
Alte Burg
Schafhaus
13
Heimatmuseum
5
Raststätte Jagsttal
Klösterle
Engelburg
Hergstbach
Altes Schloss
Schifffahrt
Zent
ehem. Neuhof
Schwärz
Schwärzerhof
Reichertshausen
Neu Berg
257
175
180
Jagsttal-brücke
Galgenberg
Jagst
6
288
Seehof
Ämmerlesberg
Schwärze
Brandhölzle
ehem. Jagsttalbahn
Feinau
Alte Schanze
Ziegelhütte
E41
81
Schloss Stöckach Domeneck
Ammerlanden
229
273
Büttenbach
Hofäcker
Maisenhälden
Weingartenflur
Vogelherd
Schwäbische Dichterstraße
Tränk-stube
Wachhäusle
Seehaus
Hochstraße
Hohle Buche
170
4
Assumstadt
Schloss Assumstadt
Habichtsflur
Habichtsquelle
Habichtshöfe
Hofäcker
Eichelbachbrunnen
270
Hardthäuser Wald
Schinderhütte
330
Im langen
Ernstein
300
260
320

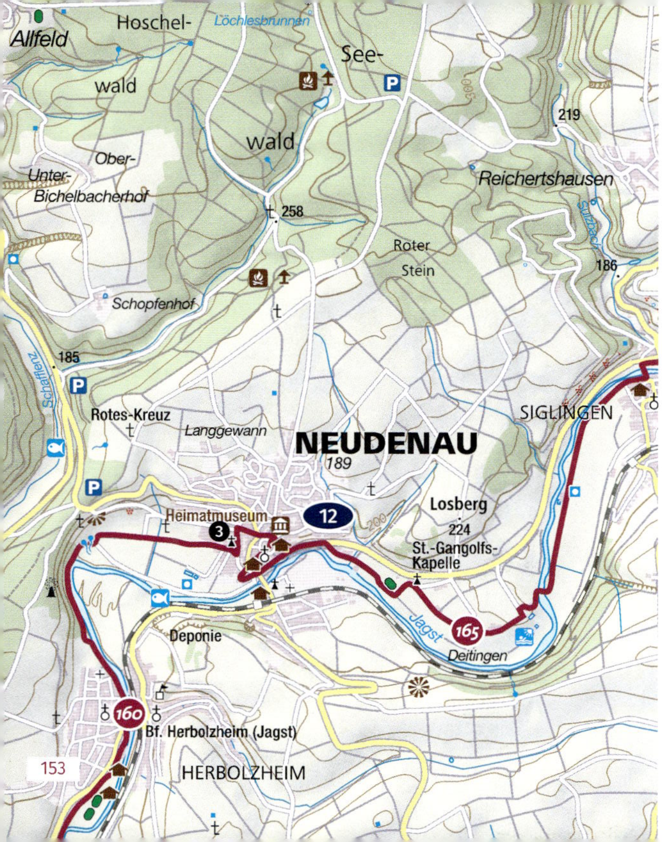

❷ **Heuchlingen** → links mit Straße über Jagst → rechts abermals rechts → vorbei an **Obergriesheim** → in großen Kurven nach **Herbolzheim** →

❸ **Neudenau** → *Kapellenweg* → links auf *Gartenstraße* → rechts *Fridolin-Mayer-Straße* → *Kronengasse* → rechts *Hauptstraße* → in Linksbogen über *Sindringer Straße* → rechts zur Jagst → an Sportplätzen vorbei → links und gleich rechts → hinter Freibad rechts → Jagst queren → **Siglingen** → links über Jagst → dahinter rechts → vorbei an Sportplätzen → auf Radweg weiter →

❹ vor **Schloss Assumstadt** links → rechts → links → **Domeneck** → über *Domenecker Straße* hinein nach

❺ **Möckmühl** → rechts über *Bittelbronner Straße* → rechts *Untere Gasse* → links auf *Marktstraße* → rechts auf Hauptstraße → Jagst überqueren → an der Ampel links auf Radweg → der Jagst entlang → Kochertalbrücke unterqueren → nach

❻ **Widdern** (Ortszentrum links des Flusses) → Straße überqueren → vor Brücke rechts *Heilbronner Straße* → in großer Links-Rechts-Schleife nach

GOMMERSDORF
Oberkessach
154
Aschhausen
Bild
Frauen-
äcker
Stein
Marlach
Ebene
205
Hohes
Kreuz
351
ehem.
Ringwall
Ruine Urhausen
320
Weltersberg
Erlenbach
Deutsche Limesstraße
Sauertal
Winzenhofen
237
Jagsttalbahn (stillgelegt)
NSG
Alte Gasse
12
Osterberg
Pfaffenberg
Jagst
Unterer
Seershof
Galgenberg
Ziegelhütte
303
Steinacker
Hohenberg
Schlupf
Hölle
253
Seershof
Bieringen
276
11
Westernhausen
Sindeldorf
200
Gasthof
"Ochsen"
Deutsche
Limesstr.
10
Schelmenklinge
ehem. Eschenau
Deutsch
Limesstr.
Blankenberg
Schöntal
330
321
Hohe Birke
Hohe Straße
400
Weide
Storchenturm
9
195
Kreuzberg
Halsberg
Heimat
15
Kloster Schöntal
Fisch-
weiher
Heiligenholz
340
354
Berlichingen
Neusaß
Hohe Straße
Breitentaler
Langenbach

❼ **Olnhausen** → links auf *Rathausstraße* → Jagstbrücke → rechts in Talstraße →

❽ **Jagsthausen** → rechts auf Hauptstraße → geradeaus auf *Gartenstraße* → links auf *Friedrich-Krapf-Straße* → an Hauptstraße rechts → gleich wieder rechts auf *Brückenstraße* und über Jagstbrücke → links → rechts → links → auf Radweg entlang der Jagst weiter → links Gleise und Brücke queren → auf Radweg an Straße nach **Berlichingen** →

❾ rechts über Jagst → **Kloster Schöntal** → links → nach Rechtskurve links auf Weg → an Sportplätzen vorbei →

❿ **Bieringen** → an Straße links und gleich rechts → auf Radweg rechts der Jagst weiter nach

⓫ **Westernhausen** → links und gleich rechts auf *Rathausweg* → links auf *Sternbachweg* → rechts auf *Bahnweg* → **Winzenhofen** →

⓬ **Marlach** → links auf *Neue Wiesen* → rechts → Straße queren → weiter auf *Roter Weideweg* → nach Kirche St. Georg links auf *Krautheimer Weg* →

KLEPSAU
156
Hart
Büttelsberg
19
Höll-
Albertshöfe
Burg
ehemalige Burg Gruningen
408
wedel
Altenberg
215
Jagsttalbahn (stillgelegt)
348
Dörzbach
Start/Ziel
1
15
14
Jagst
Heinberg
Bhf. Jagsttalbahn
Storchenmuseum
Wasserschloss Eyb
Goldbach
Steinbach
Gruninger Br.
Meisenbach
Ameisenberg
Wasenberg
Birkenhöfe
393
Kalk
400
Rißbach
Hollenbach
Lange Steige
NSG
Meßbach
Bülzen
248
Neuberg
Bachmühle
Burggraben-
äcker
366
Banholz
Ailringen
ehem. Rathaus
Etzflur
Sälich
Seelach
382
Meßbach
Rötelweiler
369
Langer Wald
Württemberger Weinstraße
ehemaliger Albertshof
413
Steinsberg
St. Wendel z. Stein
Halden
Ginsbach
OBERGINSBACH
NSG
220
Hohebach
394
Peters-
äcker
Jagst
279
Eisenhutsrot
225
Rod
388
401
Knock
Hag
Hofäcker
Landeplatz Dörzbach-Hohebach
Schweinsberg
388
Königsträßle
Forellenbach
Remenweiler
Birke
Kohlplatte
Heßlachshof
Rinberg

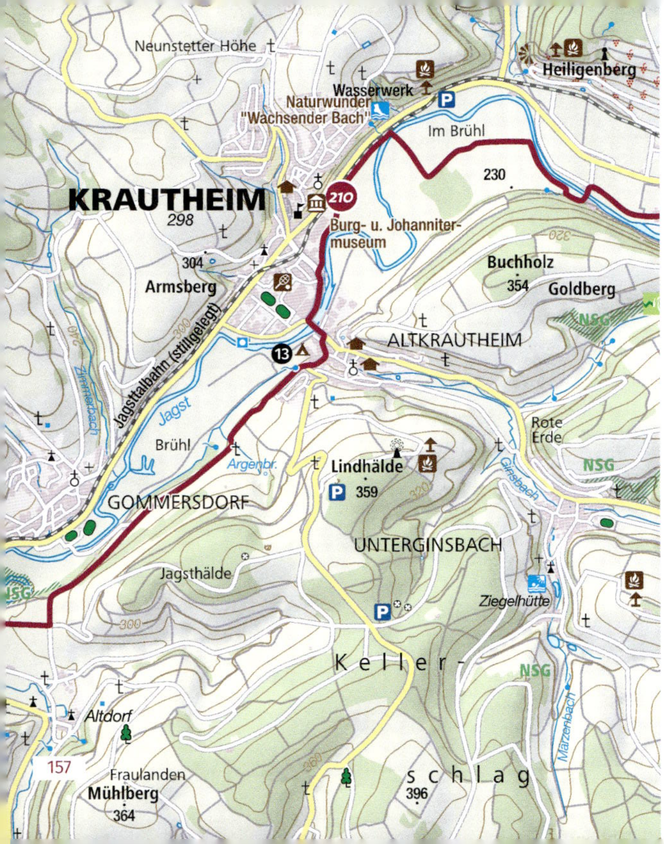

→ an Kreuzung links →

⓭**Altkrautheim** → links auf *Eberstaler Straße* → links auf *Grinsbacher Straße* → Jagstbrücke → dahinter in **Krautheim** rechts → auf *Altkrautheimer Straße* → rechts auf Radweg weiter → links und gleich rechts auf Radweg → rechts über Jagstbrücke → auf Radweg → abermals Jagst überqueren → rechts →

⓮**Klepsau** → *Auweg* → links auf *Lindenstraße* → weiter links auf *Bachstraße* → *Dörzbacher Straße* überqueren → rechts auf *Laibacher Straße* → rechts auf Radweg weiter → auf *Sonnenhalde* → an Kirche rechts → *Mühlgartenweg* → links auf *Klepsauer Straße* → in das Zentrum von

⓯**Dörzbach / Ziel**

Kapitel 5: **Von Dörzbach nach Crailsheim**

Start

❶**Dörzbach** → kurz auf B 19 → gleich rechts → über Brücke → dahinter links *Kapellenweg* → vorbei an St. Wendel zum Stein → **Hohebach** → *Wendischhöfer Straße* → auf Vorfahrtsstraße → rechts auf *Rathausstraße* → links auf *Hintere Bachstraße* → rechts weiter → Radweg →

❷ **Mulfingen** (links der Jagst) → weiter auf Radweg nach

❸ **Heimhausen** → an Hauptstraße rechts auf *Berndshöfer Straße* → links auf *Hintere Gasse* → Radweg nach

❹ **Berndshofen** → *Speltbachweg* → links *Buchenbacher Straße* → links auf Radweg nach **Buchenbach** → dort rechts → links auf *Langenburger Straße* → kurz rechts auf *Nitzenhäuser Straße* → gleich links auf *Brunnenweg* → **Eberbach** (links der Jagst) → weiter nach

❺ **Unterregenbach** → dort links *Am Kanal* → rechts auf *Lindengasse* → weiter links *Am Bach* nach **Oberregenbach** → links über Jagstbrücke → dahinter rechts und unterhalb von **Langenburg** nach

❻ **Bächlingen** (nach **Langenburg** hinauf über *Alte Steige*) →

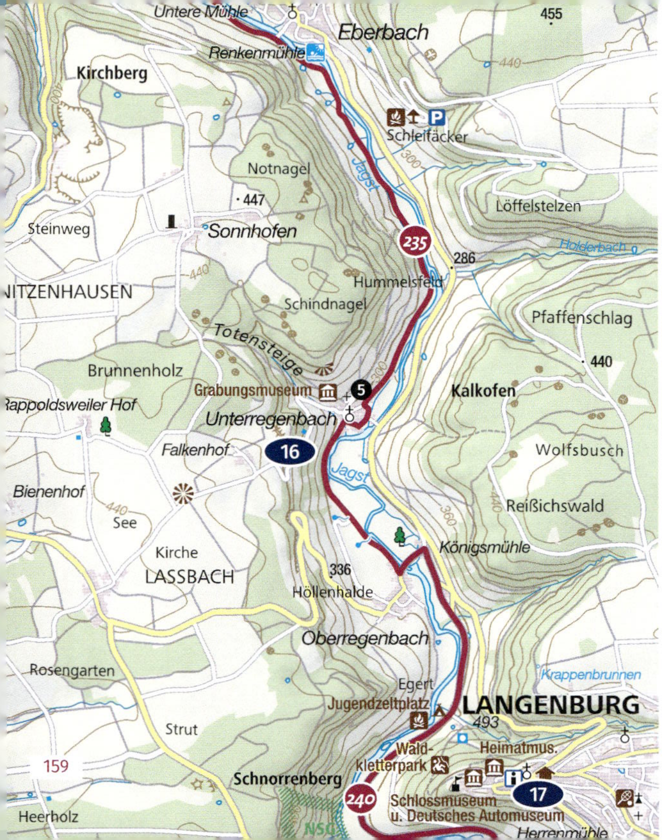

Untere Mühle
Eberbach
455
Renkenmühle
Kirchberg
Schleifäcker
Notnagel
447
Steinweg
Sonnhofen
Löffelstelzen
235
286
Holderbach
NITZENHAUSEN
Hummelsfeld
Schindnagel
Pfaffenschlag
Totensteige
440
Brunnenholz
Grabungsmuseum
5
Kalkofen
Rappoldsweiler Hof
Unterregenbach
Falkenhof
16
Jagst
Wolfsbusch
Bienenhof
See
Reißichswald
Kirche
LASSBACH
Königsmühle
336
Höllenhalde
Oberregenbach
Rosengarten
Egert
Krappenbrunnen
Jugendzeltplatz
LANGENBURG
493
Strut
Wald-
kletterpark
Heimatmus.
Schnorrenberg
240
Schlossmuseum
u. Deutsches Automuseum
17
Heerholz
NSG
Herrenmühle

Jagstbrücke in Langenburg-Unterregenbach

Jagst
Hornrain
160
NSG
Kronhalde
BÄCHLINGEN
6
Totensteige
Viereckschanze
LANGENBURG
439
Ritterhöhe
483
468
Heide
Oberamtsmuseum
MICHELBACH
a.d.Heide
Au
Kupferhof
399
437
Bügenstegen
Brettach
Ruine
Werdeck
337
Schlossberg
Kupferberg
Wasserturm
Liebesdorf
Hof in Liebesdorf
Ringenholz
Seibotenberg
Landsbrauch
473
Kleb-
wiesen
Angelflur
431
ehem. Burg
Katzenstein
Binselberg
Jörgenfeld
Burgholz
Holderhof
Hubertushof
Stechberg
Nesselbach
Hürden
7
245
Großforst
Waldenberg
Brettachhöhe
Großer See
Hohe Straße
ehem.
Landhege
Kleinforst
372
8
Elpershofen
445
Lichsen
387
Reihe-
halde
NSG
Burg
Morstein
Völkersklinge
Oberloh
Lietenholz
Burgenstraße
Morsten
Diembot
Söllbot
Bühl-
Hessenau
Hubfeld
467
Weinberg
NSG
Frankenholz
Asang
441
250
Höhenpfad
DÜNSBACH
405
316
wald
Burgruine
Leofels
9
Gabe
Niedersteinach
OBERSTEINACH
Leofels
Schernbach
255
Grimmbach
Windisch-
Hagenbach
Stettholz
Röthölzle

→ hinter der Kirche rechts über Brücke → an *Langenburger Straße* rechts und gleich links → entlang der Jagst, dann links darüber nach

❼ **Hürden** → dort rechts nach **Großforst** → dort an Kreuzung links → weiter nach

❽ **Elpershofen** → rechts über Jagst → hinter Brücke links → nach **Hessenau** → in Kehre Richtung

❾ **Leofels** → dort links und gleich nochmals links auf Radweg → an Wegverzweigung gerade → **Dörrmenz** → links auf Hauptstraße und gleich wieder links → an Straße links nach

❿ **Lendsiedel** → vorbei an Kirche → dahinter auf *Marbachweg* → über Radweg → an Straße rechts → dann links Richtung Zentrum von

⓫ **Kirchberg an der Jagst** → hinter der Altstadt über *Hohenloher Straße* → dann rechts Richtung Jagst → Fluss queren → durch Naturschutzgebiet nach

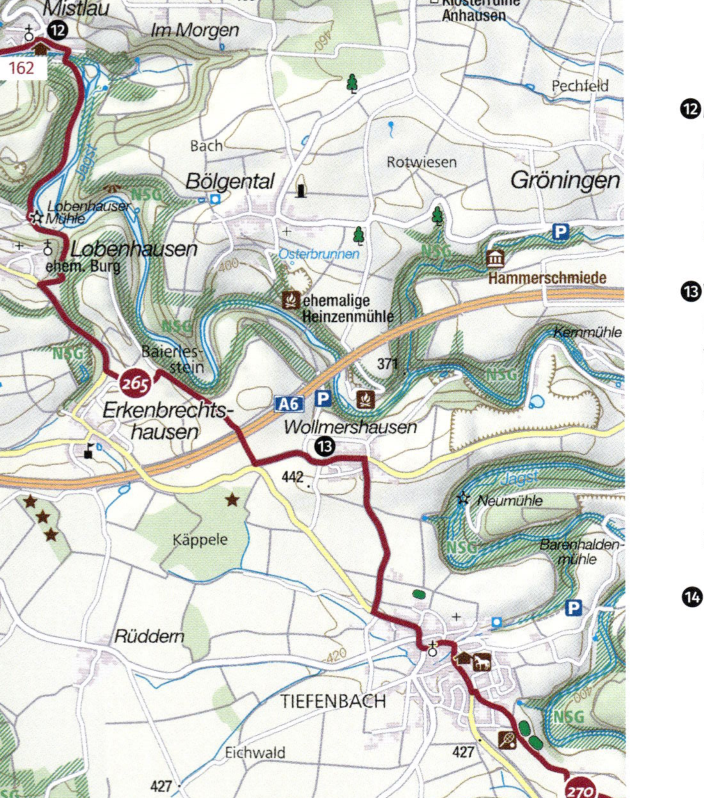

⓬**Mistlau** → *Wanderstraße* →weiter auf *Steinbachstraße* → rechts über Brücke → an *Lobenhauser Mühle* links → **Lobenhausen** umrunden → dann links auf Straße → in der Kurve links abzweigen → Autobahn überqueren → dahinter links nach

⓭**Wollmershausen** → dort rechts nach **Tiefenbach** → hier links → *Kirchberger Straße* → links auf *Fliederweg* Richtung Sportplätze und gleich rechts auf *Eulenbergweg* → an Sportplätzen vorbei → an Vorfahrtsstraße rechts → vorbei an Kläranlage → auf *Steinbruchweg* → links auf *Tiefenbacher Straße* → links auf *Haller Straße* → links zur Jagst → *Bahnhofstraße* und *Worthingtonstraße* überqueren → *Paradeisallee* → links über den Bleichesteg zum Zentrum von

⓮**Crailsheim / Ziel**

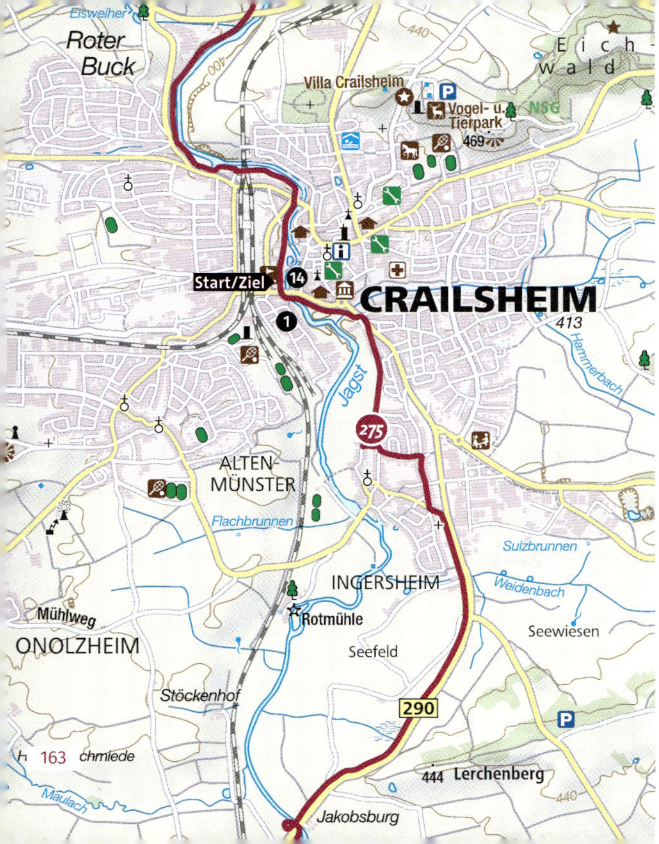

Start

❶**Crailsheim** → auf *Goethestraße* → im Kreisverkehr rechts auf *Ellwanger Straße* → rechts auf *Ingesheimer Weg* → links in *Untere Gasse* → rechts *Am Welschen Brunnen* → rechts auf *Geschwister-Scholl-Straße* → bei *Ingenheimer Hauptstraße* links → gleich an Bundesstraße rechts dieser entlang auf Radweg →

Hans-Scholl-Denkmal, Crailsheim

Der Kirchturm von Jagstzell

→ Jagst überqueren → dann links der *Jagstheimer Hauptstraße* weiter → **Speltach** und *Alexandersreuter Straße* überqueren → vorbei an **Jagstheim** →

❷ bei **Steinbach** rechts Gleise queren → links auf Hauptstraße durch Ort → am Ortsende links → Bahngleise abermals queren → parallel zur Bahn nach → links Richtung

❸ **Stimpfach** → Jagst überqueren → rechts am Ort vorüber → weiter Richtung **Jagstzell** → rechts über die Jagst → Bahngleise queren → links nach

❹ **Jagstzell** → dort rechts auf *Rosenberger Straße* → gleich links auf *Christgasse* → auf Radweg → Gleise queren → links auf Bundesstraße über die Jagst →

❺ rechts abzweigen → weiter nach

❻ **Kalkhöfe** → dort rechts → Bahnunterführung → Jagstbrücke → links weiter

❼ in **Schönau** links → über Jagst → dann rechts weiter → vorbei an Kläranlage → vorbei an Sportplätzen → durch **Rindelbach** → rechts über Brücke → dahinter links → am Ortsbeginn von **Ellwangen** links über Jagst → gleich rechts dem Fluss auf *An der Jagst* entlang in das Zentrum von

❽ **Ellwangen** → Unterführung nach links → rechts in *Schmiedstraße* → rechts in *Marienstraße* → rechts in *Brauergasse* → links auf *Aalener Straße* → Bundesstraße unterqueren → rechts Bahngleise unterqueren → dann links der Jagst entlang nach **Rotenbach** → bei Brücke links abzweigen → an den Gleisen rechts → nach **Schrezheim** → über Jagst → links auf Radweg → Eisenbahnbrücke unterqueren → am Bahnübergang links → auf Radweg →

❾ bei **Savervang** links über die Jagst → gleich rechts → nach **Schwabsberg** → dieses passieren → Straße queren → rechts halten → vor Bahngleisen links → Unterführung unter Bundesstraße →

❿ am Bucher Stausee links → am Seeufer entlang → nach ***Jagsthausen*** → an der Straße rechts und gleich links in den Ort → Autobahn unterqueren →

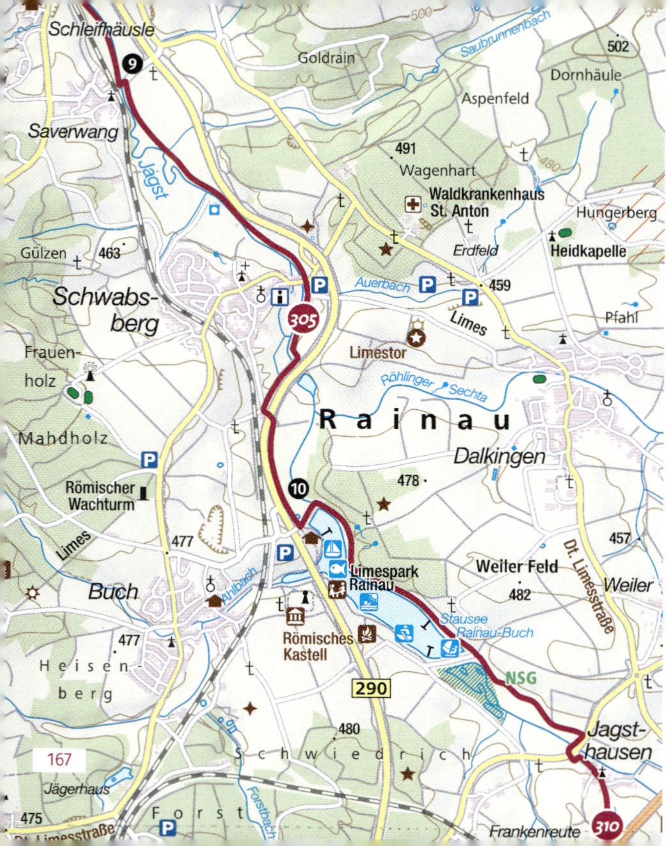

Ellwangen an der Jagst

168
310
Frankenreute
Faulen-mühle
463
Hart-buck
569
Gernhalde
Hundslohe
ehem. Lindstetten
546
Lippach
Freudenhöfe
Talholz
Berg
Baiershofen
Wagen-hofen
Burgstall
Westhausen
474
11
488
Schön-berg
ehem. Burg
488
Hettelsberg
Kelt. Schanze
492
Stetten
513
Gromberg
637
Scherbach
Ruital
539
Eichenloh
Ruine Gromberg
114
Aalen/ Westhausen
Rinnenberg
Eulenberg
Pfaffen-loh
Letten
Reichenb.
Jagst
Westerhofen
501
Gromberg
LAUCHHEIM
492
Röttinger Bach
518
29
489
315
Ruine Königsbühl
ehem. Agnesburg
Bohler
670
Reichenbach
12
Steltberg
584
Heimatmuseum
13
Kieselberg
Weidach
Schloss Kapfenburg
Jägerwiesh
Schössle
20
Kapfenburg
508
Dormeloh-weiher
Heinenhau
Förstel
Geisel
Fuchsmühle
Maienberg
Winterhalde
710
Fuchshalde
Buchau
629
Schöner Stein
Annah
Völlerstein
723
642
641
320
HÜLEN
Stock-hau
Postweg
Röschenhau
659
ARLESBERG
Hocheg
Scheiter-hau
680
Nessel-grube
Bollenloch
Bernlohe
635
638
Solhauh

Schloss Kapfenburg

⑪ **Westhausen** → hinter Kapelle links auf *Silvesterstraße* → bei Kirche rechts → links auf *Jahnstraße* → vorbei an Sportplätzen → nach **Westerhofen** → unter Straße hindurch nach

⑫ **Lauchheim** → rechts auf *Hettlesberger Weg* → links auf *Mittelhofer Weg* → rechts und gleich links auf Bahnhofstraße → Gleise queren → weiter auf *Kapfenburger Straße* zu

⑬ **Schloss Kapfenburg** → auf *Härtsfeldstraße* nach **Hülen** → rechts auf *Aalener Gasse* → nach **Arlesberg** → dabei Autobahn unterqueren → in **Arlesberg** auf *Lauchheimer Straße* → **Bernlohe** passieren → **Simmisweiler** → in **Brastelburg** links auf *Marmorweg* → rechts auf *Ettenberger Straße* → an Straße rechts und dann links nach **Unterkochen** → *Waldhäuser Straße* → rechts auf *Zehntscheurergasse* → links auf *Kocher Straße* → *Aalener Straße* → rechts auf *Alte Heidenheimer Straße* → vor Brücke rechts → zwei Mal unter Eisenbahn, ein Mal unter Straße → rechts auf *Stuttgarter Straße* → weiter auf *Bahnhofstraße* →

⑭ **Aalen / Ziel**

NESSLAU
UNTER-
170
ROMBACH
Rohrwang
Waldfriedhof
Rötenberg
485
Hirschhof
Hirschbach
Weiße Steige
Grünenberg
733
Bollenloch
Bernlohe
635
ZIEL
335
14
Urwelt-
museum
Limes-
museum
465
Sternwarte
19
Himmlingen
Baierstein
Taufbach
AALEN
428
481
Pfaumbach
Birkhof
696
Nördlinger Hau
Buschhorn
SIMMIS-
WEILER
325
715
Gräbleshau
Gräbleshülbe
Emmah
BRASTELBURG
ehem.
Ettenberg
Neuziegelhütte
Heulenberg
Bollenloch
614
Geiselwang
Kanzelfels
Gückels
629
Viadukt
Weißer Kocher-
Ursprung
Pulvermühle
Ursprungs-
fels
Abschn.
Wälle
Höhenberg
675
Wasser-
turm
Buck
Teich
Läuterhäusle
330
St. Maria
Ruine Kochenburg
Hohler
Stein
Wallenteich
Brunnen-
hütte
Kocher
Röte
Neukochen
Mantelhof
Limes-
Thermen
Osterbucher
Steige
681
Aalbäumle
Fridahütte
Schlacht
Zeppelinhütte
UNTERKOCHEN
Kuckuckshütte
Osterbuchhütte
Schönteich
621
Kuckuckstein
681
Lämmerbusch
642
Glashütte
520
Zigeuner-
hütte
658
EBNAT
Fuchsteich-
hütte
Gunderstal
Langerstein
Wolfert
653

Der Marktplatz in Aalen

Zeit, den Akku aufzuladen

Deine Radreise soll ein unvergessliches Erlebnis werden. Dazu gehört auch das Aufladen der Akkus sowohl von Mensch als auch Maschine. Verlässliche und aktuelle Informationen hierzu finden sich auf den Seiten der Tourismusverbände und Tourist-Information der Orte.

ANREISE & ABREISE

Die meisten Start- und Zielorte sind mit öffentlichen Verkehrsmitteln erreichbar. Nicht an das Netz der Deutschen Bahn angebunden sind die Orte: Krautheim, Kirchberg und Künzelsau. Siehe auch Karte Seite 16/17.

Die Mitnahme von Fahrrädern in Zügen wird unterschiedlich gehandhabt und ist zeitlichen Einschränkungen unterworfen. Informieren Sie sich deshalb vorab:
Fahrplanauskunft DB:
0800/1507090
www.bahn.de

ZENTRALE INFORMATIONSSTELLEN

www.kocher-jagst.de
www.hohenlohekreis.de
www.buehlertal-tourismus.de
www.kanu-bike.de
www.wellnessroute.de
www.fahrrad-tour.de/Jagsttal

Hohenlohe + Schwäbisch Hall Tourismus e.V.
Karl-Kurz-Straße 44,
74523 Schwäbisch Hall,
Tel. +49 (0)791/755-7444,
www.hs-tourismus.de

Info-Zentrum im Kloster Schöntal
Klosterhof 1, 74214 Schöntal, Tel. +49 (0)7943/91000, www.schoental.de

Touristikgemeinschaft Hohenlohe e.V.
Allee 17, 74653 Künzelsau,
Tel. +49 (0)7940/18-206
www.hohenlohe.de

Erlebnis Mittleres Jagsttal
Langenburger Straße 10,
74673 Mulfingen-Buchenbach,
Tel. +49 (0)7938/992035,
www.erlebnis-mittleres-jagsttal.de

Touristikgemeinschaft HeilbronnerLand e. V.
Lerchenstraße 40, 74072 Heilbronn, Tel. +49 (0)7131/994-1390, www.heilbronnerland.de

Touristikgemeinschaft Erlebnisregion Schwäbische Ostalb e.V.
Marktplatz 30, 73430 Aalen, Tel. +49 (0)7961/521111, www.schwaebische-ostalb.de

ORTE & TOURISMUSBÜROS

AALEN
Tourist-Information
Reichsstädter Straße 1
73430 Aalen
Tel. +49 (0)7361/52-2358
www.aalen.de

BAD FRIEDRICHSHALL
Stadtverwaltung
Rathausplatz 1
74177 Bad Friedrichshall
Tel. +49 (0)7136/832-0
www.bad-friedrichshall.de

BAD WIMPFEN
Tourist-Information
Hauptstraße 45
74206 Bad Wimpfen
Tel. +49 (0)7063/97200
www.badwimpfen.de

BRAUNSBACH
Bürgermeisteramt
Geislinger Str. 11
74542 Braunsbach
Tel. +49 (0)7906/94094-0
www.braunsbach.de

CRAILSHEIM
Touristik-Information
Marktplatz 1–2
74564 Crailsheim
Tel. +49 (0)7951/403-0
www.crailsheim.de

DÖRZBACH
Bürgermeisteramt
Marktplatz 2
74677 Dörzbach
Tel. +49 (0)7937/9119-0
www.doerzbach.de

ELLWANGEN (JAGST)
Tourist-Information
Spitalstr. 4
73479 Ellwangen
Tel. +49 (0)7961/84-0
www.ellwangen.de

FORCHTENBERG
Stadtverwaltung
Hauptstr. 14
74670 Forchtenberg
Tel. +49 (0)7947/9111-0
www.forchtenberg.de

GAILDORF
Tourist-Information
Schloss-Str. 20
74405 Gaildorf
Tel. +49 (0)7971/253-0
www.gaildorf.de

HARDTHAUSEN AM KOCHER
Bürgermeisteramt
Lampoldshauser Str. 8
74239 Hardthausen
Tel. +49 (0)7139/4709-0
www.hardthausen.de

HÜTTLINGEN
Gemeindeverwaltung
Schulstr. 10
73460 Hüttlingen
Tel. +49 (0)7361/9778-0
www.huettlingen.de

INGELFINGEN
Stadtverwaltung
Schloßstr. 12
74653 Ingelfingen
Tel. +49 (0)7940/1309-0
www.ingelfingen.de

JAGSTHAUSEN
Bürgermeisteramt
Hauptstr. 3
74249 Jagsthausen
Tel. +49 (0)7943/9101-33
www.jagsthausen.de/tourismus

JAGSTZELL
Bürgermeisteramt
Hauptstraße 6
73489 Jagstzell

el. +49 (0)7967/9060-0
www.jagstzell.de

RCHBERG AN DER JAGST
adtverwaltung
chloßstr. 10
4592 Kirchberg/Jagst
el. +49 (0)7954/9801-0
www.kirchberg-jagst.de

RAUTHEIM
tadtverwaltung
urgweg 5
4238 Krautheim
el. +49 (0)6294/98-0
www.krautheim.de

KÜNZELSAU
Stadtverwaltung
Stuttgarter Str. 7
74653 Künzelsau
Tel. +49 (0)7940/129-0
www.kuenzelsau.de

LANGENBURG
Tourist-Information
Hauptstr. 15
74595 Langenburg
Tel. +49 (0)7905/9102-0
www.langenburg.de

LAUCHHEIM
Bürgermeisteramt
Hauptstr. 28
73466 Lauchheim
Tel. +49 (0)7363/85-0
www.lauchheim.de

MÖCKMÜHL
Stadtverwaltung
Hauptstr. 23
74219 Möckmühl
Tel. +49 (0)6298/202-0
www.moeckmuehl.de

NEUENSTADT AM KOCHER
Stadtverwaltung
Hauptstr. 50
74196 Neuenstadt a. K.

Tel. +49 (0)7139/97-0
www.neuenstadt.de

NIEDERNHALL
Stadtverwaltung
Hauptstr. 30
74676 Niedernhall
Tel. +49 (0)7940/9125-0
www.niedernhall.de

OBERKOCHEN
Stadtverwaltung
Eugen-Bolz-Platz 1
73447 Oberkochen
Tel. +49 (0)7364/27-0
www.oberkochen.de

OEDHEIM
Stadtverwaltung
Ratsstr. 1
74229 Oedheim
Tel. +49 (0)7136/278-0
www.oedheim.de

ROSENGARTEN
Bürgermeisteramt
Uttenhofen
Hauptstr. 39
74538 Rosengarten
Tel.+49 (0)791/95017-0
www.rosengarten.de

SCHÖNTAL
Bürgermeisteramt
Kloster Schöntal
Klosterhof 1
74214 Schöntal
Tel. +49 (0)7943/9100-0
www.schoental.de

SCHWÄBISCH HALL
Tourist-Information
Hafenmarkt 3
74523 Schwäbisch Hall
+49 (0)791/751-600
www.schwaebischhall.de

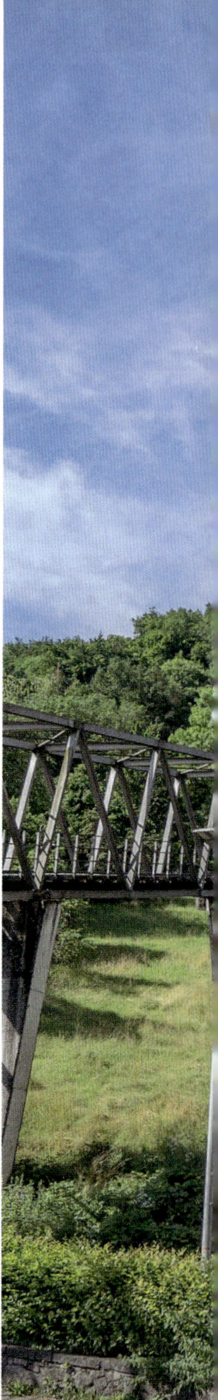

MPRESSUM

KOMPASS-Karten, A-6020 Innsbruck (22.01)
Auflage 2022 Verlagsnummer 6931 ISBN 978-3-99121-330-7

xt: Julia Bihar

telbild: Die Henkerbrücke über den Kocher in Schwäbsich Hall (© Sina Ettmer – stock.adobe.com)

4/5, S. 167: © Manuel Schönfeld – stock.adobe.com
6/7 oben, S. 33: © Atelier Brückner
6/7 unten, S. 50/51: © Daniell Pell – Unsplash
8/9 oben, S. 60, S. 60/61, S. 64/65: © Stadt Forchtenberg
8/9 unten, S. 44/45: © Th G – Pixabay
10/11 oben, S. 98/99, S. 118/119: © Daniela Knipper – stock.adobe.com
10/11 unten, 114/115, 120/121, S. 174/175: © Simon R – Unsplash
12/13: © DisobeyArt – stock.adobe.com
14/15, 16/17: © Ira Budanova – stock.adobe.com
18/19: © rustamank – stock.adobe.com
20/21: © YesPhotographers – stock.adobe.com
22/23: © dusanpetkovic1 – stock.adobe.com
24/25: © Diamant Fahrradwerke GmbH
26/27: © Pawel Michalowski – stock.adobe.com
30/31, S. 46/47 unten, S. 171: © Sina Ettmer – stock.adobe.com
34/35: © Otto Durst – stock.adobe.com
36/37: © Stadt Aalen
38/39, S. 172/173: © Corinne – stock.adobe.com
40/41: © Stadt Gaildorf
42/43, S. 55: © Würth
47 oben, S. 164: © Bildagentur-o – stock.adobe.com
48/49: © Engin Akyurt – Pixabay
52/53 unten, S. 53 oben: © Freilandmuseum Wackershofen
54, S. 56, S. 57, S. 143, S. 145, S. 176/177: © Stadtverwaltung Künzelsau, Foto Olivier Schniep - Foto nke GmbH
58/59: © PRILL Mediendesign – stock.adobe.com
62/63: © cattalin – Pixabay
66/67: © Nik Würth
68/69: © marcelkessler – Pixabay
70: © Stadt Neuenstadt, Bernhard J. Lattner
71: © Stadt Neuenstadt
72/73: © Antje Kunz – Pixabay
74 & 75: © Südwestdeutsche Salzwerke AG, Salzbergwerk Bad Friedrichshall
78, S. 79, S. 150: © Stadt Bad Wimpfen
80/81: © Barbara Dudzinska – shutterstock
82/83, S. 92/93: © 0711bilder – stock.adobe.com
84/85: © KlausMJan – stock.adobe.com
86/87 oben & unten: © Lilli Bähr – stock.adobe.com
88/89 oben & unten: EKH-Pictures – stock.adobe.com
90 & 91: © Gemeinde Jagsthausen
94/95: © EinBlick – stock.adobe.com
96/97, 126/127: © RitaE – Pixabay
100, S. 101, S. 104/105, S. 159: © Eberhard – stock.adobe.com
102 & 103: © Hans-Jörg Wilhelm
106/107: © Astrid Ziemer – stock.adobe.com
108 oben: © Michael – stock.adobe.com
108/109: © S. Sorg, Kirchberg
110 oben & unten: © Stadtmuseum Crailsheim

S. 112/113: © GTFF – Pixabay
S. 114/115: © Bernd Gosolitsch
S. 116/117, S. 163: © H. Hach – Pixabay
S. 122/123, S. 124/125, S. 169: © Ralf Baumgarten
S. 137: © Nicole Herzog
S. 140: © Freilandmuseum Wackershofen

Grafische Herstellung: Julia Bihar
Kartenausschnitte: © KOMPASS-Karten GmbH
Kartengrundlage für Extra-Tourenkarte: © MairDumont, D-73751 Ostfildern 4

Alle Angaben und Tourenbeschreibungen wurden nach bestem Wissen gemäß unserer derzeit gen Informationslage gemacht. Die Radtouren wurden sehr sorgfältig ausgewählt und beschri ben, Schwierigkeiten werden im Text kurz angegeben. Es können jedoch Änderungen an Wege und im aktuellen Naturzustand eintreten. Radfahrer und alle Kartenbenützer müssen dara achten, dass aufgrund ständiger Veränderungen die Wegzustände bezüglich Befahrbarkeit sic nicht mit den Angaben in der Karte decken müssen. Bei der großen Fülle des bearbeitete Materials sind daher vereinzelte Fehler und Unstimmigkeiten nicht vermeidbar. Die Verwendur dieses Radreiseführers + Extratourenkarte erfolgt ausschließlich auf eigenes Risiko und auf eig ne Gefahr, somit eigenverantwortlich. Eine Haftung für etwaige Unfälle oder Schäden jeder A wird daher nicht übernommen. Für Berichtigungen und Verbesserungsvorschläge ist die Reda tion stets dankbar. Korrekturhinweise bitte an folgende Anschrift:

KOMPASS-KARTEN GMBH
Karl-Kapferer-Straße 5, A-6020 Innsbruck
www.kompass.de/service/kontakt